AF377999

9 782431 769213

دار حروف منثورة للنشر والتوزيع

الطبعة الأولى

الكتاب: الإدارة الاستراتيجية للحَمَلات الانتخابية

المؤلف: نادر عبد الرحيم

تصنيف الكتاب: علوم إدارية

تصميم الغلاف: عبد الرحمن محمد

تنسيق داخلي: فريق الدار

مراجعة لغوية: عبد المعز صفوت

رقم الإيداع:2021/30606م

الترقيم الدولي: 3-6921-4317-2-978

مؤسس الدار

مروان محمد

Website: https://horofpdf.wixsite.com/ebook

Fan page: http://facebook.com/herufmansoura

Email: herufmansoura2011@gmail.com

هاتف جوال: 00201113006296 — هاتف جوال: 00201064054995

الإدارة الاستراتيجية للحَمَلات الانتخابية

التحليل الوصفي التطبيقي (كتالوج الانتخابات)

Pink Dolphin Theory

(الدعاية الافتراضية المُخطَّطة PVA)

د / نادر عبد الرحيم

فهرس المحتويات

أمّي الحبيبة ..

كانت أمي ـرحمة الله عليهاـ تُخطِّطُ دائمًا لصناعة الابن المثقَّف والقارئ الجيد.

كانت تشتري من الكتب الكثيرَ وبشكل شهريٍّ، وتتركها بأماكنَ متفرقةٍ من المنزل؛ جزءٌ بغرفتي، وأجزاءٌ أخرى بمناطقَ متفرقةٍ من المنزل، والباقي من الكتب يتم وضعه بالمكتبة الصغيرة بمنزلنا المتواضع.

والغريب في الأمر، أنَّ أمي الحبيبة لم توجّهنا يومًا بضرورة قراءة هذه الكتب، حتى إنَّها لم تكن تتعمد القراءة أمامنا.

لكن بحضور الضيوف من العائلة لبيتنا، وعند فتح حلقات النقاش بأيِّ موضوع، كانت تنظر إليَّ وتسألني "وما هو رأيك؟" فيكون الردُّ في صغُري دائمًا "لا أعلم"، وعند تلك اللحظة كان يأتي التوجيهُ بأنَّ معلومات هذا الموضوع موجودة بالبيت داخل أحد الكتب المنثورة، ودون إرشادٍ إلى اسم الكتاب.

رحمة الله عليها تعلمنا منها البحث والقراءة، ومتى يمكن أن نستفيد من العلم، في خلق آفاقٍ جديدة، وكيف نطور الضمير الأدبي على أساسٍ علمي.

وهكذا أصبح لنا رأيٌ في مناقشة مواقفَ ومواضيع الحياة، وليس رأيٌ فقط ولكنه ذو مرجعيةٍ علميةٍ مدروسةٍ ومخطَّطة

رحمة الله عليك يا (سِت الحبايب)، فقد أصبحنا كما شاء الله ثم شِئت.

ابنك / نادر عبد الرحيم

الاستهلال (كلمةُ الكاتب)

سيادةِ/ المواطن العربي:

إنَّ التحول الديموقراطي في الدول العربية، هو ضرورةٌ استراتيجية لاستغلال الثروة وعناصر الإنتاج نحو الاستغلال الأمثل، وبهدف تحقيق التنمية الاقتصادية المُستدامة، ومكافحة الفساد، وانطلاق مبدأ سيادة المواطن؛ بحيث يعمل الجميع داخل جميع السُلطات والمؤسسات الدستورية، لتحقيق مزيدٍ من رفاهية الفرد والمجتمع، وذلك وفق آلياتٍ وسياساتٍ وإجراءاتٍ تتميز بقدرتها على الإصلاح التلقائي لتطلُّعات وآمال المواطن العربي.

ومن ثَمَّ فإنَّ الحرية الديموقراطية هي المسار الأوحدِ لنموِ ونهوض المجتمعات العربية، تؤثِّر وتتأثر بالعالم الخارجي؛ لاسيما الديموقراطيات الغربية المتقدمة، وبحيث يصبح الوجود السياسي العربي ذا ثقلٍ استراتيجي، تشترك من خلاله السياسات العربية في تغيير وجه العَالم، لاسيما في إطار تراجع التأثير لإدارة العالم من خلال الأقطاب المُتعاقبة.

إنَّ الربيع العربي حتى وإن لم يكتمل تأثيره أو فشل في تحقيق أهدافه؛ ولكنَّه أثبت بما لا يدعُ مجالاً للشكِ، أنَّ الحُكم الجبري والديكتاتوريات المتعاقبة مصيرها إلى الزوالِ، وإن استمرت فرضًا، لتصبح التكلفةُ الحقيقيةُ للاستمرار باهظةً ومُفجعةً، فضلًا عن أنَّ التاريخ لا يرحم من يسئ إليه.

مفهوم الديموقراطية قد يختلف في تطبيقاته من ثقافةٍ إلى أخرى، تبعًا لاختلاف المتغيرات الاستراتيجية المصاحبة لعملية تطبيق تلك

الديموقراطية، فنحن لا نطالب بالنقل التام والكامل لمفهوم الديموقراطية في هذا المقام، ولكننا ندعو المفكِّرين والمثقفين والسياسيين والاقتصاديين، نحو رسمِ خرائطِ الديموقراطية العربية المُستهدفة، التي تتناسب أيدولوجيًّا، مع طبيعة المجتمعات العربية ومكوِّناتها.

المطلب الرئيس وراء السعي نحو الديموقراطيَّة العربية، هو الحرية ذات القيود الأيدولوجية، وطالما وُجدت الحرية جاء الإبداع، ومن ثَمَّ تنهض الأمم بالحُلم والإبداع في تحقيقه، وذلك دون قيودٍ سلطوية حاكمة تبعث بالمجتمع طبقة الفساد والاحتكار (مال – سلطة)، بوصفهم معولي هدم النمو والتقدم على جميع المستويات ولمُختلف الطبقات، ومن ثَمَّ يكون المُستهدف الأسمى هو مبدأ سيادة المواطن العربي، وما يترتب على ذلك من ترسيخ مبادئ حقوق الإنسان، وعليه فقد جاء اليومِ الذي نستطيع فيه أن نتحدَّث بأنَّ المواطن العربي له حقوقٌ دستورية بديهية يستحق الحصول عليها دون أن يطلبها.

إنَّ المؤسسات الدستورية الحاكمة تبعث في المجتمع مؤسسية دولة القانون، دون تفريقٍ بين الطبقات، وإنَّ تداول السلطة بكل يُسر وسهولة يبعث الروحَ في قوةٍ جديدة تتولى مؤسسيًّا تجديد دماء النمو والتطور؛ ونقصد هنا وظائف المؤسسات الدستورية وممارستها الحقيقية، وليس التشكيل المظهري المطلوب أمام العالم الخارجي، ولكننا نهدف إصابة المصلحة المادية المباشرة للمواطن، بأقصر طرق التعبير والتنفيذ والإدارة.

وأخيرًا نوئِّد أنَّ ظاهرة (الحاكم الإله)، أو حكم (الأب المطلق)، قد انتهى من العالم لاسيَّما المتقدم منه، وتأتي شرعية الاستمرار من خلال حجم النتائج المادية المباشرة للمواطن، عبر آلية تطبيق

الديموقراطية العربية، (وَجَعَلْنَاكُمْ شُعُوبًا وَقَبَائِلَ لِتَعَارَفُوا ۚ إِنَّ أَكْرَمَكُمْ عِنْدَ اللَّهِ أَتْقَاكُمْ)، كما أنَّ أمركم شورى بينكم، كمُدخل رئيس نحو تصميم الديموقراطية العربية المستقلة.

المؤلف
د/ نادر عبد الرحيم

المقدمة

يأخذ هذا الكتاب على مسار تأصيل الإدارة الاستراتيجية للحملات الانتخابية (التخطيط الاستراتيجي المبني على النتائج)، للتجمعات النيابية المُنتخبة، وفق الاقتراع السرّي المباشر لقواعد الناخبين، ليكون المُستهدف من تصميم الحملة الانتخابية، هو الناخب الحر، وبحيث يتم تصميم كافة المراحل الانتخابية للحملة وفقًا لمتطلبات ومشكلات سيادة الناخب المواطن، من جهة، ومتطلبات التنمية السياسية والاقتصادية والاجتماعية للوطن كُل من جهةٍ أخرى، وسيتم عرض وجهة النظر الاستراتيجية هذه، في إطارٍ من مواكبة التقنية ومتطلبات الإعلام السياسي لوسائل التواصل الاجتماعي، وفي ظل عصر جائحة كورونا والوباء المنتشر.

ومن ثَمَّ فإنَّ هذا الكتاب هو صديقٌ لكل مُرشَّح، ولأي انتخاباتٍ ديموقراطية، سواءً في إطار العمل الخدمي أو المجال السياسي أو حتى النقابي أو الطلابي، بحيث يأخذ بالمُرشح نحو آفاق جديدة من الكفاءة التخطيطية، ومواكبةٍ حديثة للتقنيات التكنولوجية ووسائل التواصل الاجتماعي، واستحداث مفهوم : (الدعاية الافتراضية المخطَّطة PVA)

ويأتي المبحث الأول، لاستعراض مبادئ التخطيط الاستراتيجي المبني على النتائج، ومراحله المتعاقبة، وصولًا لتصميم برنامج وحملة انتخابية ذات قواعدَ علمية استراتيجية، تضع المرشَّح في قلب الحقيقة الافتراضية للتطور التقني، بشكل يعمل على مواجهة مُتطلبات الناخبين، وفق الأدوات الدستورية الممنوحة للمُرشَّح الانتخابي، ومن خلال مرجعيةٍ علمية مخططة في تقديم اقتراحات الحلّ والتفاوض السياسي.

ويأتي المبحث الثاني، لاستعراض ماهية تصميم الأدوات الترويجية لرؤية وبرنامج المُرشَّح الانتخابي، وكيفية تصميم استراتيجية الترويج على مستويات ومسارات الإعلام عامةً، ووسائل التواصل الاجتماعي خاصةً، في ظل جائحة كورونا، وشيوع استخدام الإعلام الافتراضي، والتقنيات الحديثة، مع شرحٍ تفصيلي للعينات المستهدفة وكيفية الوصول إليها، بكل وسائل الإقناع المباشر وغير المباشر، ومن ثَمَّ إطلاق مفهوم (الدعاية الافتراضية المُخطَّطة PVA)، وبحيث يكون الغرض الرئيس من وراء الحملة، هو أنَّ الناخب العاقل ذا الإرادة قادرٌ على استيعاب الهدف من تمثيله مجتمعيًّا، وعليه طرح الحرية الديموقراطية في الاختيار الذي يمثله، حيث يستهدف من خلال الاختيار الكفء تحقيق مكاسبَ ماديةٍ مباشرة، تؤسس لمناخٍ من اكتمال المؤسسات الدستورية، وتدعم سيادة دولة القانون، وتنسجم وتتكامل معه تطلعات سيادة المواطن، في بيئةٍ ديموقراطية تردع الفساد وتستكمل مسارات التنمية المستدامة.

ويأتي المبحث الثالث، بحثًا عن النتائج العملية، وكذلك تأصيل العمل الانتخابيّ وفق أسسٍ ثابتة لبناء الوعود الانتخابية، لاسيما أسلوب تحقيق تلك الوعود، مع كفاءة قياس الإنجاز الاستراتيجي للمُرشَّح، وشرعية استمرار من يقرأ تطلعات وقضايا الناخب الحرِّ، في مناخٍ من الديموقراطية التدريجية ذات القيود الإيديولوجيَّة، ومن ثَمَّ تَعميمٍ ترسيخ توصياتٍ سياسية، تبعث روح التقدم والتنمية بالأوطان العربية.

وأخيرًا؛ الكتاب يمثل مرآةً لتجربةٍ عملية واقعية، أخذت من العلم منهجًا للتخطيط، وأبدعت من التكنولوجيا استراتيجيةً جديدة نحو (الدعاية الافتراضية المخططة PVA) ، نبحث من خلال الكتاب تحقيق مبدأ السيادة للمواطن، ونشرح فيه مفاصل البناء

والاستهداف السياسي، واستراتيجيات الترويج، والاستقطاب، نحو صندوق اقتراعٍ يتكلم بنجاح مرشحيه، وتمثيلهم التمثيل الذي يحقق الهدف من وراءِ اكتمال المؤسسات الدستورية وسيادة دولة القانون، قد يكون هذا الكتاب نافذةً افتراضية لحدائق الديموقراطية، تنمو وتتطور تدريجيًا، وصولًا لمواطنٍ حرٍّ قادر على الإبداع، يتمتع بالانتماء الحقيقي غير المهين أو المُذل، ويستطيع من آلياته أن يختار بكل شفافيةٍ مَن يستطيع أن يمثله، ويحقق له تطلعاته في وطنٍ آمن متطور يحفظ كرامته..

واللهُ من وراء القَصد.

المبحث الأول: التخطيطُ الاستراتيجي للبرنامجِ الانتخابيِّ

أولًا: التخطيط الاستراتيجي (المفهوم – المكوّنات)

<u>يقصد بالتخطيط الاستراتيجي:</u> هو نشاطٌ منظَّم وشامل، يركز على تفسير وفهم المتغيرات البيئية الداخلية والخارجية للمُرشَّح، وتحديد القضايا والموضوعات الاستراتيجية التي تواجه قاعدة الناخبين، مع وضع السياسات الملائمة للتعامل معها.

<u>يهدف التخطيط الاستراتيجي</u>، في هذا المقام، إلى وضع أهدافٍ وغاياتٍ واضحة، والعمل على تحقيقها في إطار فترةٍ زمنية محددةـ مثل فترة المجلس التشريعي- وفي ظلِّ الأدوات الدستورية المتاحة للنائب بالمجلس التشريعي، حتى يتسنى بلوغ الحالة المستقبلية المرجوة، والوفاء بمتطلبات الناخبين بشكلٍ علميٍّ مُخطَّط.

<u>تتميز الخطة الاستراتيجية</u> بالبساطة والوضوح والبُعد عن التعقيد، كما يجب أن تكونَ الأهدافُ (النتائج الوسيطة) واقعيةً وقابلة للتنفيذ وملائمةً للأدوات الدستورية الممنوحة للنائب بالمجلس التشريعي.

مفاهيمُ التخطيط الاستراتيجي للحملات الانتخابية

- التخطيط في جوهره لا يخرج عن كونه عمليةٍ منظمةٍ واعية، لاختيار أفضل الحلولِ الممكنة للوصول إلى أهدافٍ معينة، يتحقق معها تطلعات الناخبين.

- التخطيطُ أسلوبٌ أو فهمٌ يهدف إلى ترتيب الأولويات، في ضوء الإمكانات، مع أهمية دراسة وتحديد الإجراءات للاستفادة منها لتحقيق أهدافٍ منشودة خلال فترةٍ زمنية محددة.

- التخطيط نشاطٌ علمي ينطوي على تدخّلٍ سياسي، من جانب فريق المرشح الانتخابي، بقصد التأثير عليها ودفعها في المسار المقصود، وذلك انطلاقًا من نظرةٍ شاملة لتحقيق أهدافٍ محددة.

- التخطيط عملية وضع تصوُّرٍ مسبقٍ للمواقف السياسية – الاقتصادية ـ الاجتماعية، لوضع برامج شاملة للعمل على تحقيق الأهداف المنشودة.

فوائدُ التخطيط الاستراتيجي:

- أسلوبٌ منظم للتعامل مع المستقبل.
- التعرف إلى الفرص المتاحة، والعمل على استثمارها، والتعرف إلى التهديدات المُحتملة، والعمل على تفاديها أو التقليل من آثارها.
- التعرُّفُ على مصادر القوة والضعف وتحليل المنافسين.
- وضعُ المرشَّح في معرفة احتمالات المستقبل مما يساعده على التكيُّف مع المتغيرات الجديدة.

- يجعل المرشح يتعرف على نفسه أكثر، وما هو مطلوبٌ إنجازه وما هي إمكاناته.
- يوفر طريقةً أفضل لتوزيع الموارد.
- يعطي المرشَّح طريقةً أو اتجاهًا مُتفقٌ عليهما لتتبُّعهما.
- يبني نظام الضبط الإداري في الحملة الانتخابية.
- يشجع التصرُّف الإيجابي في العمل وليس ردَّ الفعل.
- يزوِّد الناخبين بنظامٍ أفضلَ لتقويم الأداء، والوعود الانتخابية.
- يتيح لجميع منتسبي الحملة المشاركة في إبداء وجهة نظرهم في تحديد أهداف المُرشَّح، ومن ثَمَّ رسم الخطة الاستراتيجية وتنفيذها مما يولد لديهم الشعورَ بالمشاركة وتحقيق درجةٍ أكبر من كفاءة أداء المُرشح.

خصائص التخطيط الاستراتيجي:

- أن يكون للخطة هدفٌ نهائيٌّ واضح ودقيق ومحدد.
- أن تتميز الخطة بالبساطة والوضوح والبُعد عن التعقيد.
- أن تكون أهدافَ الخطة واقعيةً وملائمة لظروف الموقف الذي تعالجه.
- أن تستخدم بياناتٍ واقعية أثناء التخطيط.

مميزاتُ التخطيط الاستراتيجي:

- صفة الواقعية لصورة مجتمع الناخبين بصفةٍ أساسية.

- صفة الشمول بحيث لا يقتصر على مُتغيرٍ واحد.

- صفة المرونة.

- طويل الأجل.

- حجم الالتزامات فيه عادةً ضخم.

- أنه ليس من السهل التراجُع في نتائجه، بسبب طولِ الأجلِ وشمولية النظرة، وحجم الالتزامات.

مُعوِّقات التخطيط الاستراتيجي:

- الخوف من التخطيط (التخطيط يعني التغيير).
- قلة الإيمان بأهمية التخطيط الاستراتيجي لدى بعض المُرشَّحين.
- ضعفُ مهارات التخطيط الاستراتيجي لدى مديري الحَملات الانتخابية.
- حاجةُ خُطوات التخطيط الاستراتيجي للممارسة والتدريب.
- شيوع عدم التأكُّد من موقف المُرشَّحين المنافسين.
- عدم رغبة القيادة السياسية في الإفصاح عن طبيعة التغيُّرات الهيكلية المطلوبة، لاسيما التغيرات ذات المَساسِ

بمصالحَ سائدةٍ، مما يؤدي إلى التضارب في عملية التخطيط وعدم وضوح الأهداف.

● الانشغال بالمشكلات الروتينية اليومية وإهمال المشكلات الاستراتيجية التي بمبدأ سيادة المواطن.

● تميل القيادة السياسية إلى قبول نظام التفكير أو التخطيط الاستراتيجي في أوقات الأزمات.

● الاعتقاد أو الافتراض أنَّ التخطيط الاستراتيجي هو مسؤولية جهةٍ متخصصة في التخطيط وليس مسؤولية البرامج الانتخابية.

● وضع نظم جديدة دون مشاركة الناخبين فيها، أي دون تهيئة ثقافة جمهور الناخبين الموائمة لهذه النُظم.

● عدم توفُّر نظام معلوماتٍ متكاملٍ وديناميكي، بالدول العربية.

● عدم تشجيع التفكير الابتكاري إجمالًا بسبب سيطرة النمط البيروقراطي في الإدارة والتخطيط.

● افتراض جهل جمهور الناخبين، بأهمية التخطيط الاستراتيجي، ونتائجه المادية المباشرة.

● اعتماد المنهج العلمي في إدارة الحملات الانتخابية، قد يتطلب العديد من جلسات الاقناع مع القادة من جمهور الناخبين.

مراحلُ التخطيط الاستراتيجي:

<u>المرحلة الأولى</u>: الإعداد للتخطيط:

- تحديد فريق التخطيط للحملة الانتخابية وتحديد المسؤوليات وتوزيع الصلاحيات.
- تحديد المدة الزمنية اللازمة لإنجاز مشروع الخطة.
- البدء بتجميع البيانات المطلوبة وترتيبها وتصنيفها.
- دراسة ظروفِ العمل المُحيطة، وخططِ التنمية الاجتماعية والاقتصادية للدولة.
- ضمان مشاركة الإدارة العُليا والتزامها بعملية التخطيط.

<u>المرحلة الثانية</u>: دراسة الثقافة التنظيمية لجمهور الناخبين.

<u>المرحلة الثالثة</u>: تحديد رؤية المُرشح ورسالته وأهدافه المستقبلية بمشاركةٍ من جمهور الناخبين (استطلاع الرأي).

<u>المرحلة الرابعة</u>: تحديد واختيار خطَّة واستراتيجية العمل.

<u>المرحلة الخامسة</u>: تقييم الأداء الانتخابي من خلال دراسةِ وتحليل وتقييم الأداء الحالي (تحليلٌ رُباعي).

<u>المرحلة السادسة</u>: تجميعُ خطط العمل وتوحيدها.

<u>المرحلة السابعة</u>: إعداد سيناريوهاتٍ وخططٍ بديلة لتطبيقها في الحالات الطارئة.

<u>المرحلة الثامنة</u>: تنفيذ الخُطَّة.

<u>المرحلة التاسعة</u>: متابعة التنفيذ وتقييم مدى التقدم في الإنجاز.

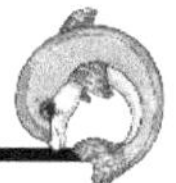

الإطار الإرشادي لصياغة الخطة الاستراتيجي:

الرؤية- النتيجة الرئيسية • Vision

تصوراتٌ أو توجُّهاتٌ أو طموحات لما يجب أن يكون عليه الحال.. إلى أين نتجه؟

الرسالة • Mission:

غرض المرشح أو السبب في ترشُّحهِ ... لماذا؟

(النتائج الوسيطة) • Objectives:

النتائجُ النهائية للأنشطة ... ما يجبُ إنجازه ... ماذا؟

الأهداف الاستراتيجية • Strategy:

خطَّةٌ شاملة تحدد كيفية تحقيق الرسالة والأهداف.. كيف؟

السياسة• Policy:

خطوطٌ عامة إرشادية لاتخاذ القرارات.

المشروعات • Projects:

الأنشطةُ أو المهام اللازمة لتحقيق خُطَّةٍ ذات غرضٍ مُحدد.

الإجراءات • Procedures:

خطواتٌ متتابعة تصف تفصيليًا كيف تؤدي الأنشطة أو الأعمال في إطار الممنوح من أدوات دستورية.

منهجية إعداد الخطة الاستراتيجية:

- تشكيل فريقِ عملٍ من داخل الحملة الانتخابية (فريق التخطيط الاستراتيجي) برئاسة مدير الحملة وعضوية المسؤول (الإعلامي – الإداري – القانوني – التِقنِي – الاتصال).

- تنظيم ورشة عملٍ في إعداد الخطة الاستراتيجية واستراتيجية المخاطر.

- تشخيص الوضع الحالي للمرشَّح من خلال التحليل الرباعي، نقاط القوة والضعف والفرص والتهديدات.

- استخلاص عوامل النجاح الأساسية التي تحدد ملامحَ ورؤية ورسالة المرشَّح.

- إعادة النظر بصياغة الرؤية.

- إعادة صياغة رسالة المرشح بما يضمن التعبير عن هذه الرؤية ويمثل أبعاد البيئة الملائمة والآليات الدستورية الكفيلة والمناسِبة للانتقال من الوضع الحالي إلى الوضع المستهدَف.

- تحديد الأهداف الاستراتيجية للمرشح وربطها بالأهداف الوطنية من خلال اجتماعاتٍ متكررة للجنة التخطيط.

- اعتماد كلٍّ من الرؤية والرسالة والأهداف الوطنية من لجنة التخطيط الاستراتيجي ثم المرشح.

- تحديد الاستراتيجيات المناسبة التي ستساهم في تحقيق الأهداف.

- اعداد البرامج التي سيتم تنفيذها في إطار الخطة الاستراتيجية وتحديد مراحلها الزمنية، والآليات وأدوات التنفيذ الدستورية.

- تحديد الأهداف التنظيمية وربطها بالأهداف الاستراتيجية.

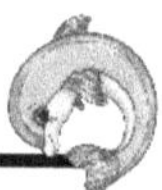

- بناء خطط العمل التنفيذية للمسؤولين المختلفين بالحملة الانتخابية.
- إعداد استراتيجية المخاطر.
- إعداد مصفوفةٍ للمعايير ومؤشرات الأداء التي ستُعتمد في قياس أداء الوعود الانتخابية للمرشح.
- إعداد مسوَّدَة الخطة ومناقشتها مع لجنة التخطيط الاستراتيجي والتصديق عليها من المرشَّح.

ثانيًا: مرحلة التفكير الاستراتيجي (تقسيم العَيّنة – استطلاع الرأي):

مرحلة التفكير الاستراتيجي تأتي بهدف الوقوف على مرجعيَّات تقسيم اللجان الانتخابية (قَبَلية – حِزبية – طائفية – اتجاهات فكرية)، ومن ثَمَّ يتم تحديد طبيعة اللجنة الانتخابية، وانتماءاتها وتوجُّهاتها الفكرية، ومن ثَمَّ يتمُّ تقسيم جمهور الناخبين على مستويين رئيسين:

- نوع الجنس (التكرار – التركُّز %)
- الفئة العُمرية (التكرار – التركز %)

وعليه فإنَّ تحديد العيّنة المُستهدفة من جمهور الناخبين، ستكون بهدف الوقوف على أولوية القضايا المُلِحَّة، ذات الاهتمام المشترك، نحو برامج وخططٍ تنفيذية توضح مسار علاج تلك القضايا، وفق الآليات والصلاحيات الدستورية الممنوحة للنائب بالمجلس التشريعي على سبيل المثال.

ومن ثم فإنَّ البرنامج الانتخابي للمُرشح، لابد له أن ينبع من قضايا ومتطلبات المواطن، ويتم تصميم البرنامج بهدف علاج تلك القضايا، كخطوةٍ في سبيل تعزيز مبدأ سيادة المواطن.

وفي إطار التكنولوجيا التقنية المتطورة، ووسائل التواصل الاجتماعي، يمكن لاستطلاع الرأي أن يحقق النتائج المرجوَّة والمنتظرة، وذلك باستخدام صيغة الاستبيان الإلكتروني في الإعداد وتحليل النتائج، الركون إلى مواقع التواصل الاجتماعي في التعبئة والاستهداف.

مثالٌ عملي: نموذج استبيان – اهتمامات (الرجال)

يأتي هذا الاستبيان بهدف استطلاع اهتمامات المواطنين بوجهٍ عام، ومواطني الدائرة (....) على وجه الخصوص؛ وبحيث يستقر مرشَّحكم بالانتخابات السيد / ....،
بالاعتماد على اتجاهات الرأي العام، وكذلك الاهتمامات الحقيقية للمواطنين كمحور ارتكازٍ وبدايةٍ لمسيرة العمل العام وخدمة المواطنين؛ عطفًا على منهجية التحليل الإحصائي العلمي، ومن ثَمَّ سيتم دراسة كافة القوانين ذات العلاقة باهتماماتكم، وصولًا لتحقيق الإصلاح التشريعي لتلك القوانين، بما يخدم ويحقق تطلعات سيدي المواطن، ويرجع بمكاسبَ مباشرةٍ على الوطن والمواطن؛ وعليه تم تقسيم عينة هذا الاستبيان، وفقًا للفئات العمرية إلى ثلاث شرائحَ رئيسية كما يلي:

شرائح استبيان اهتمامات المواطن (رجال – انتخابات المجلس التشريعي):

- الشريحة الأولى: (< 61 عامًا).
- الشريحة الثانية: (من 41: 60 عامًا).
- الشريحة الثالثة: (من 18: 40 عامًا).

بحيث يتم الضغط على الرابط الخاص بالشريحة العمرية للانتقال المباشر للأسئلة الخاصة بتلك الشريحة، ويتم تحديد درجة الاهتمام من رقم (1) إلى رقم (5)، حيث يكون الرقم (5)، مُمثلًا لأعلى درجة اهتمام، والرقم (1) ممثلًا لأقل درجة اهتمام، وعليه سيتم تحديد أولويات اهتماماتكم وفقًا لتركُّز التكرار بالنسبة المئوية.

- الشريحة الأولى (< 61 عامًا).

درجة التقييم	الاهتمامات / القضايا
	التأمينات والمعاشات و مكافأة نهاية الخدمة
	الفحص الطبي الدوري المُخطّط
	إعادة تقييم الرعاية الخاصة
	إعادة تقييم أسعار الخدمات الحكومية

- الشريحة الثانية (من 41: 60 عامًا):

درجة التقييم	الاهتمامات / القضايا
	الأراضي والعِزب
	الأجور والرواتب وعلاقتها بارتفاع الأسعار (معدَّل التضخُّم)
	تسهيل إجراءات الاستثمار
	دراسة علاوة إعالة

- الشريحة الثالثة (من 18: 40 عامًا):

درجة التقييم	الاهتمامات / القضايا
	إعادة تقييم سُلَف الزواج
	التأهيل المخطّط لسوق العمل
	إعادة تقييم قروض البناء
	الأجور والرواتب (موازنة – قطاع خاص)
	تسهيل إجراءات الاستثمار

- اهتماماتٌ أخرى (تُذكر):

....

....

- البيانات الشخصية (التعبئة اختيارية):
- البريد الإلكترونى:

....

- المستوى التعليمى: ● فوق جامعي   ● جامعي
  دون الجامعي   ● غير متعلم
- اسم القبيلة / الحزب / التيار:

....

- ملحوظة / اختيار الشريحة ينقلك إلى تعبئة كلٍّ من:

1) جدول تقييم اهتمام مواطن.
2) تعبئة اهتماماتٍ أخرى.
3) التعبئة الاختيارية للبيانات الشخصية.

مثال عملي: نموذج استبيان ــ اهتمامات (النساء):

أسئلة استبيان اهتمامات مُواطنة (نساء ــ انتخابات المجلس التشريعي):

درجة التقييم	الاهتمامات / القضايا
	برامج الفحص الطبي الدوري المخطَّط
	الأجور والرواتب
	دراسة إضافة علاوة مولود
	إعادة تقييم دعم مشروعات الأسَر المنتجة
	إعادة تقييم مرحلة التعليم الأساسي
	دراسة تعزيز دمج المرأة بالمجتمع الاقتصادي
	دراسة تعزيز دمج المرأة بالمجتمع السياسي
	دراسة هيكل الإجازات مدفوعة الأجر

- اهتمامات أخرى (تُذكر):

....

- البيانات الشخصية (التعبئة اختيارية):
- البريد الإلكتروني:

....

- المستوى التعليمي: ⬤ فوق جامعي ⬤ جامعي
  ⬤ دون الجامعي ⬤ غير متعلم
- اسم القبيلة ـ الحزب ـ التيار:

....

خطوات تحليل نتائج الاستبيان:

- يمكن الاستغناء عن المقابلة الشخصية، لتعبئة الاستبيان بإنشاء رابطٍ إلكتروني يُفعَّل بموقع جوجل، ويتم إرسالُه إلى مواقع التواصل الاجتماعي (رابطُ إلكتروني) لتعزيز المشاركة بين جمهور الناخبين، فضلًا عن تشابه القضايا ذات الاهتمام المشترك للناخبين بمختلف الدوائر الانتخابية، لاسيما في ظل ظروف التباعد الاجتماعي لجائحة كورونا المستجَد، كما أنَّ استغلال المتاح من تكنولوجيا دائمًا بالتواصل الاجتماعي الافتراضي، قد أثبت نجاحُه، والجدير بالذكر ارتفاع معدلات استخدام الهاتف المحمول لنسبٍ تصل إلى 100%، حيث أصبحت مواقع التواصل الاجتماعي العالم الموازي للواقع العملي المُستهدف.

- يتم إرسال الرابط إلى مواقع التواصل الاجتماعي بشكل متكرر لفتراتٍ زمنية محددة لضمان استيفاء سلامة ودقةَ العيِّنة المُمثلة لمجتمع الدراسة، (مثال: تويتر – انستجرام – البريد الإلكتروني – الواتس آب – لينكد إن – ...)

- تجميع وتبويب النتائج من وراء تعبئة الاستبيانات وفق العينات المقترحة الممثلة لمجتمع الدراسة لجمهور الناخبين.

- تحديد مجموع التكرارات ودرجات تركُّز كلّ قضيةٍ من القضايا ذات الاهتمام المشترك بالنسبة المئوية المبسَّطة.

- يتم تصميم الترتيب التكراري للقضايا، مع الأخذ بعين الاعتبار التوزيع النسبي المرجَّح للفئات العمرية ونوع الجنس.

- تصميم قائمة القضايا ذات الاهتمام المشترك، لتُعرض على لجنة التخطيط الاستراتيجي بحملة المُرشح.

- تقوم لجنة التخطيط الاستراتيجي للحملة الانتخابية بالبدء في صياغة الملامح الرئيسية للبرنامج الانتخابي؛ عطفًا على القضايا ذات الاهتمام المشترك لجمهور الناخبين ـ التي تم الاستقرار عليهاـ كمرجعية أساسية للبناء والتصميم، وصياغة الوعود الانتخابية، والباعث من وراء تصميم مؤشرات قياس الأداء الاستراتيجي للمرشَّح.

وعليه فإنَّ الباعث من وراء تصميم الاستبيان الإلكتروني، هو قياس ماهية قضايا ومتطلبات سيادة الناخب، لتمثل نقطة البدء في تصميم كافة البرامج، وفلسفة إدارة الصلاحيات الدستورية للمُرشح، حتى يمكن العمل على تعزيز مبدأ سيادة المواطن، من خلال الارتكاز بالتمثيل لتحقيق متطلباته الحقيقية، بما يمثل دعمًا حقيقيًا لمسار الديموقراطيات الوليدة ذات المسار التدريجي المخطَّط.

مثال: تحليل نتائج استبيان النساء:

هذا الاستبيان الإلكتروني يهدف إلى استطلاع الاهتمامات الحقيقية للنساء، ليتم تأسيس البرنامج الانتخابي من المواطن وإلى المواطن، بتناول كافة القضايا التي يحددها سيادة المواطن، نحو مجلس .... مُنتخب (اقتراع سريٍّ مباشر).

أولًا: نتائج تعبئة الاستبيان الإلكتروني لاهتمامات النساء / العيّنة = ... مفردة

وجاءت تقسيمات الفئات العمرية، بنسبة 60% للفئة العمرية ما بين (60:41) عامًا، وبنسبة 40% ما بين (40:18)، وبنسبة 0% لما هنَّ فوق الستين عامًا، في حين جاء التوزيع وفقًا للمستوى العلمي بنسبة 56 % للتعليم الجامعي، ونسبة 8% للتعليم دون الجامعي، وبنسبة 36% للتعليم فوق الجامعي، وبشكل يعكس ارتفاع مستوى التعليم بالعينة عند النساء موضوع الدراسة.

ترتيب القضايا وفقًا لدرجة الاهتمام	التوزيع التكراري لاستبيان النساء
- استيفاء حقوق الأرامل والمطلقات حصل على اهتمام بنسبة ٨٠%. - دراسة تطور الأجور والرواتب حصل على اهتمام بنسبة ٨٠%. - إعادة تقييم مرحلة التعليم الأساسي حصل على اهتمام بنسبة ٦٨%. - دراسة تعزيز دور المرأة اقتصاديًا حصل على اهتمام بنسبة ٦٤%. - دراسة إضافة علاوة مولود حصل على اهتمام بنسبة ٥٦%. - دراسة تعزيز دور المرأة سياسيًا حصل على اهتمام بنسبة ٥٦%. - دراسة هيكل الإجازات مدفوعة الأجر حصل على اهتمام بنسبة ٥٦%. - إعادة تقييم مشروعات الأسَر المنتجة حصل على اهتمام بنسبة ٤٨%. - برامج الفحص الطبي المُخطَّط حصل على اهتمام بنسبة ٤٠%.	

- وعليه فإنَّ أعلى القضايا اهتمامًا عند نساء العينة هي (حقوق الأرامل والمطلقات – تطور الأجور والرواتب – إعادة تقييم مرحلة التعليم الأساسي)، مما يتطلب أهمية دراسة القوانين المنظمة ذات العلاقة، واقتراح التعديل الملائم، وسيتم التعامل مع كل القضايا الخاصة بالمرأة، ولكن وفقًا لترتيب الاهتمام لكل قضية، لنبدأ بالقضايا المُلحَّة وننتهي عند القضايا الأقل اهتمامًا.

- وقد استعرض الاستبيان بعضًا من القضايا تحت مسمى (أخرى)

1) دراسة حقوق أبناء ....
2) العدالة بين الجنسين وفقًا لأحكام الدين.
3) تيسير إجراءات التقاضي للمرأة.

<u>ويرى المُرشح</u>: أنَّ دعم وتأهيل المرأة نحو المزيد من المكتسبات على مختلف المجالات، انطلاقًا من الكفاءة والملائمة والتأهيل العلمي، سوف ينعكس إيجابًا على مستقبل الوطن متمثلًا في جهود

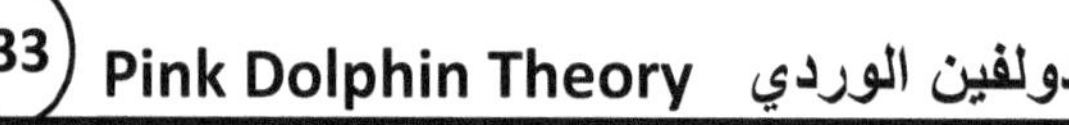

مواطنيه، ومن الأهمية بمكان استيعاب خصوصية دمج المرأة، لتعظيم الاستفادة من مخرجات العمل الوطني، وبشكل يتلاعم مع دورها الاجتماعي بالأسرة كوحدة بناء المجتمع ونواة تطوره.

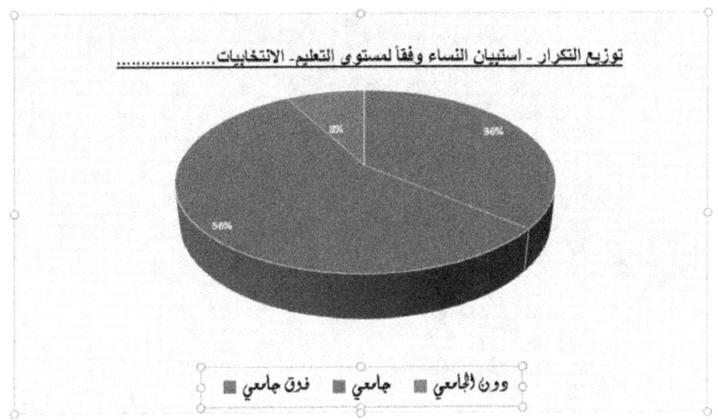

"اهتمامات مواطن"
(انتخابات مجلس الشورى 2021م)
دعم المرأة والطفل
التأمينات والمعاشات
الأراضي والقروض - وقانون الجنسية
التأمين الصحي
كفاءة تسعير الخدمة العامة
إدماج ذوي الإحتياجات الخاصة
دراسة علاوة المولود
القطاع الخاص والمنافسة الحكومية
تكلفة السفر- الخطوط الجوية القطرية
دراسة علاوة الزواج
دراسة قضايا التعليم وجودة المخرجات
الرواتب والأجور / معدل التضخم
كفاءة العلاج بالخارج والتصنيع بالمعاملة
المدارس الفنية – وتأهيل سوق العمل

ثالثًا: تحليل البيئة الداخلية والخارجية (التحليل الرباعي SWOT):

وهو تحليل (السوات) بتحليل الموقف الراهن (Situation Analysis) لتقييم وضع المرشح وَسَط المرشحين المنافسين.

هي اختصار دال على 4 كلمات:

- القوة: (Strength) = القوة في المرشَّح وأهم ما يتميز به عن غيره من المرشحين (مثال: العلم والعمل).
- الضعف: (Weakness) = عوامل الضعف للمرشح، أو العوامل المؤثرة سلبيًا على مسار المنافسة (مثال: صِغر السن).
- التهديدات: (Threats) = التهديدات الخارجية المؤثرة على المرشح، مثل ترشيح منافسٍ جديدٍ له مميزات أفضل.
- الفرص: (Opportunities) = الفرص المتاحة التي يمكن أن يستغلها المرشح لتحسين أحد نقاط الضعف.

ما أهمية SWOT Analysis ؟

نجد أنَّ تحليل (سوات) يهتم بجميع العوامل المؤثرة في تقييم أداء المرشح، إذ يهتم بالعوامل الداخلية الخاصة به، والعوامل الخارجة عن سيطرته، ومن ثم تساعد المرشح على:

- أن يكون على دراية كاملة بجميع المستجدات.
- كيفية استغلال جميع إمكاناتك بصورةٍ أفضل.
- تحديد مكان المرشح في المعركة الانتخابية.
- معرفة عوامل الضعف في المرشح.

- تقليل فرص فشل المرشح أو اندثارها بين المنافسين.
- تحديد التهديدات المحيطة بالمرشح.
- تحديد الفرص الجيدة التي تساهم في زيادة قوة المرشح وتميزه.
- تحديد الأهداف قصيرة وطويلة الأمد.
- اتّخاذ القرارات السليمة التي تزيد من قوة المُرشح بالمعركة الانتخابية.

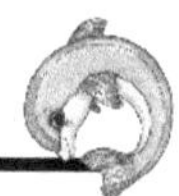

مثال عملي لتطبيق SWOT Analysis
شركة فيس بوك (ثاني أكبر شركة بالعالم)

عوامل القوة:

- أكثر من 2 مليار مستخدمٍ ناشط شهريًا.
- حوالي 8 مليار دولار عائد الإعلانات في فيس بوك.
- أيقونات فيس بوك المُدمجة مثل(الإعجاب.)

عوامل الضعف:

- عدم اتّباع نهجٍ معين يؤدي إلى سوء الاستخدام والاحتيال.
- لا تُعد تجربة المستخدم "User Experience" عالمية خاصةً عند استخدام الجوَّال.
- هدفٌ سهل لزيادة ونشر العنف على منصَّات التواصل الاجتماعي.

الفرص:

- هناك فرص جديدة يمكن استغلالها في الأسواق الناشئة في أفريقيا وآسيا.
- تُظهر الجهود الإنسانية بعض الأمل في تعديل الجوانب الأقل قبولًا في العلامة التجارية.

التهديدات أو المخاطر:

- تثير الانتهاكات شبح التنظيم الحكومي من قِبَل الجهات الأجنبية في المستقبل.
- زيادة عدد التنفيذيين السابقين الذين يدَّعون أنَّ فيس بوك يدمِّر المجتمع.

- الجهود المبذولة لتوسيع عمق ونطاق الإعلانات تخاطر بإبعاد المستخدمين أكثر.

- يمكن بناء التحليل للمرشح عن دائرة انتخابية، بالمجالس التشريعية، بحيث يتم تحديد عناصر قوته، ومناطق الضعف، فضلًا عن تهديدات المنافسين، والفرص التي يمكن الاستفادة منها على مسار تعزيز احتمالات الفوز بالمعركة الانتخابية، من خلال تقليل نقاط الضعف والتهديدات باستغلال الفرص استثمار نقاط القوة.

عناصر القوة	عناصر الضعف
- قدرة التواصل ممتازة	- تفضيل الإتباع بدلاً من القيادة
- الحماس للعمل والنجاح	- لا يمكن التركيز بشكل جيد في العمل المستقل
- القدرة على اكتساب مهارات جديدة بسهولة	- مهارات التواصل الكتابي غير فعّالة
- القدرة على العمل بشكل جيد في فريق	- عدم القدرة على إدارة الوقت
- مهارات مقابلة ممتازة	- وضعف مهارات الإدارة بشكل عام
الفرص	**التحديات**
- المدير في القسم على وشك التقاعد	- التناقس الشديد بينك وبين الموظفين على المنصب الجديد
- يوفر مكان العمل موارد لتحسين مهارات الاتصال وإدارة الوقت	- قد لا يتحس أداؤك بشكل جيد إذا لم تتحسن مهارات إدارة الوقت لديك
- قد تتلقى زيادة في الراتب الشهر القادم	- الموقف قد ينطوي على قدر كبير من العمل المستقل

رابعًا: تصميم البرنامج الانتخابي (منهجية التخطيط الاستراتيجي المبني على النتائج)

منهجية تخطيط البرنامج الانتخابي:

يؤكد التخطيط المبني على النتائج، على التناغم بين الحاضر والمستقبل، من خلال إزالة الفجوة بين النظرية والتطبيق، ومن ثَمَّ فإنَّ كل القواعد المجرَّدة والمُسلَّمات البديهية سيتم اختبار تطبيقها هنا وعبر هذا البرنامج الانتخابي، وهو تطبيق مُحكَم، مبنيٌّ على نتائج استراتيجيةٍ واضحة ومحددة، حيث سنعمل على تحقيق مكاسبَ حقيقيةٍ مباشرة، لتعزيز مبدأ سيادة المواطن، ولاسيما المرأة والطفل، ومن الأهمية بمكان البدء من حيث انتهى الآخرون، وقد استوعبنا دروس التاريخ، وتجارب دولٍ تحتل قمة أدبيات العمل السياسي الديموقراطي، ومن ثَمَّ تمَّ تطوير التفكير الاستراتيجي في هذا المقام، لننطلق من استقصاء وتحليل توجهات اهتمام المواطن (نتائج الاستبيان – التحليل الرباعي)، نحو تحقيق رفاهية الفرد والمجتمع، وإصلاح المنظومة التشريعية والقانونية، وخلق بيئةٍ سياسية، يستطيع معها الناخب العربي أن يفتخر بقدرته على تحقيق طموحاته وتطلعاته، على الصعيد الاقتصادي والاجتماعي والسياسي.

ومن ثمَّ فإنَّ العمل السياسي هدفه الأسمى، هو تنمية المجتمع، وتدعيم دولة المؤسسات، وسيادة المواطن والقانون، في إطارٍ من

الممارسة الديموقراطية التدريجية، وتعبيرًا أصيلًا عن المشاركة الشعبية، ومن ثمَّ إعادة صياغة وجه التاريخ، فضلًا عن تأصيل الصعود على مسارات الدولة المدنية الحديثة للدول العربية، التي تعتمد في بنائها على مؤسساتها وسلطاتها الدستورية، فالوطن العربي يستحق الأفضل دائمًا، شريعة وحياة، بجهود أبنائه المخلصين.

مراحل تخطيط البرنامج الانتخابي:

يأخذ بناء وتصميم البرنامج الانتخابي، لمرشح محتمل بالمجالس التشريعية، وفقًا لمنهجية التخطيط الاستراتيجي المبني على النتائج، مراحل متعاقبة، كمتواليةٍ مخططة، تأخذ بعين الاعتبار ماهيَّة الصلاحيات الدستورية التي تُمنح للنواب بالمجالس التشريعية ـوفقًا للقانون والدستور المُنظِّمـ وهي كالتالي:

- تحليل نتائج الاستبيان (الوقوف على قضايا جمهور الناخبين).

- التحليل الرباعي للمرشَّح (الاستفادة من نقاط القوة والفرص ـ تخفيف نقاط الضعف والتهديدات)

- صياغة النتيجة الرئيسية (ماذا تريد تحقيقه بنهاية تطبيق البرنامج الانتخابي؟ـ الحلم والرؤية المستهدفة).

- صياغة النتائج الوسيطة (المحاور الاستراتيجية نحو تحقيق تطلعات جمهور الناخبين).

- صياغة الأهداف الاستراتيجية (الخطوات التنفيذية نحو تحقيق النتائج الوسيطة ـ تخضع للقياس الكمِّي)

- تصميم المشاريع الاستراتيجية (التنفيذ العملي للأهداف الاستراتيجية = وثائق التنفيذ + قياس النتائج).

- تصميم مؤشرات قياس الأداء الاستراتيجي (ضمان قياس تحقيق النتائج الوسيطة وما بها من أهدافٍ استراتيجية).

أهمية التخطيط الاستراتيجي السياسي:

تعتبر الاستراتيجية السياسية هي محور بناء الإرادة الوطنية وتماسك الجبهة الوطنية ونجاح التخطيط الاستراتيجي الشامل؛ فضلًا عن أنَّ التداخلات والتعقيدات الدولية، مثل الظروف والتطورات العلمية والتقنية والدولية، العولمة بأبعادها السياسية والتشريعية والاقتصادية والثقافية، حرية التجارة الدولية، والمخططات الاستراتيجية الأجنبية متقنة الصنع والإعداد، عمق الصراع الدولي حول المصالح.. إلخ.. يشير إلى أهمية تعزيز القدرات المحلية لبناء الثقة لمجتمع سياسي واعٍ قادر على تمثيل نفسه أمام العالم، بهدف تقديم البناء الفكري السياسي الذي يستجيب للتطورات الدولية والعلمية، وهو ما يسمى الاستراتيجية السياسية، لقد أثبتت العديد من البحوث والدراسات بأنَّ كافة المخططات الاستراتيجية التي قُدِّر لها النجاح مثل المخطط الذي قاد النهضة في الولايات المتحدة، أو المخطط الياباني الذي نجم عنه العملاق الياباني، أو المخطط الألماني.. إلخ لم تكن لتنجح لولا وجود استراتيجيات سياسية تضبط الأداء والإيقاع السياسي، في ظلِّ الصراع الدولي العنيف حول المصالح، وعليه لن تستطيع الدول العربية تحقيق هذا الضبط السياسي، بدون التخطيط الاستراتيجي، وبناء الاستراتيجية السياسية.

مثال عملي: ملخص تصميم برنامج انتخابي (مُرشَّح للمجالس التشريعية)

النتيجة الرئيسية : (تعزيز سيادة المواطن، واستكمال المؤسسات الدستورية، وصولًا إلى الدولة المدنية الحديثة)

إنَّ تعزيز سيادة المواطن في دولة المؤسسات ـمع اكتمال مؤسساتها الدستوريةـ تعني أنَّ تحقيق تطلُّعات المواطن، وتحسين رفاهية الفرد والمجتمع، هي أساس العملية الديموقراطية؛ فالجميع ينصَبُّ جُلُّ عمله لتحقيق متطلبات سيادة المواطن، ونستخدم هنا أدوات إصلاح المنظومة التشريعية (مجلس .... المنتخب)، لتوفير تلك المتطلبات، وبشكلٍ يأخذ التأصيل القانوني للحقوق المُكتسبة، ومن ثمَّ فإنَّ الكفاءة التشغيلية للدولة المدنية الحديثة، هي المناخ الملائم، لتعزيز سيادة المواطن، وعليه تكون سيادة المواطن هي رؤيتنا لنمو ورفعة ديموقراطيتنا التدريجية الوليدة، ومن ثمَّ فإنَّ تغيير الوعي السياسي، يصبح معه رضا المواطن العربي هو محل رؤية واهتمام السُلطات والمؤسسات الدستورية، على أساس استراتيجي، كما أنَّ تحقيق المصلحة العامة للمواطن، هي المحرك الرئيس لسلوك وإجراءات تلك السلطات، وعليه فإنَّ مرجعية المُرشَّح للاستمرار، تستمد شرعيتها الدستورية، من مستوى الرضا العام للناخبين، وترتكز على قدرة المُرشح على تحقيق تطلعاتهم المادية المباشرة، وبما يحققه من ارتقاءٍ بمستوى الرفاهية للفرد والمجتمع.

-   النتيجة الوسيطة الأولى   (الركيزة السياسية)

(مراجعة وإصلاح المنظومة التشريعية والقانونية لملائمة التطورات المجتمعية اقتصاديًا وسياسيًا)

<u>الهدف الاستراتيجي الأول</u>: حوكمة القطاع الحكومي، وتطبيق معاييرها ومتطلباتها.

هي مجموعة القوانين والنظم التي من شأنها أن تضمن حسنَ تسيير الدَّولة بكل نزاهة، وتهدف إلى تحقيق الشّفافية والعدالة وضمان حقّ المساءلة للمسؤولين، والحدِّ من الفساد بأنواعه المختلفة، وبشكل يؤدِّي إلى الزِّيادة في الاستثمارات، ومن ثَمَّ تحقيق تطلعات وطموحات الوطن، وتعني في جوهرها الالتزام بالقانون، وضمان الشَّفافية الإدارية وتوفير هياكل إداريَّة للمحاسبة، لها صلاحياتٌ غير مقيَّدة بشروط، حيث إنَّ سيادة المواطن من وراء القصد.

<u>الهدف الاستراتيجي الثاني</u>: تخطيط سياسة الميزانية العامة للدولة، واعتماد الموازنة بالأهداف.

هي كيفية تدخُّل سياسة الميزانية في تحقيق الاستقرار الاقتصادي للمجتمع، واستخدام السياسة المالية المرنة كأداة تحقيق هذا الاستقرار، ومن الأهمية بمكانٍ أن يتم اعتماد الموازنة القائمة على تحقيق نتائج مستهدفة، وترتكز في مضمونها على تنويع مصادر الدخل، وصولًا للتنويع الاقتصادي، كاقتصادٍ مستقرٍ قادر على تحمل الأزمات دون اهتزاز قد يمارس تأثيره السلبي على سيادة المواطن.

- النتيجة الوسيطة الثانية   (الركيزة الاقتصادية)

(تحسين مناخ الاستثمار، وتعظيم القيمة المُضافة للصناعة المحلية)

الهدف الاستراتيجي الأول: إصلاح هيكل النظام الضريبي، وسياسات تسعير الخدمة العامة.

هي إعادة تقييم أداء الجهاز الضريبي، وكفاءة قانون الضريبة، وقدرته على تحقيق هدفي العدالة والحصيلة؛ ومن الأهمية بمكان بناء تسعير الخدمات وفقًا لمنهجية علمية، توازن بين سعر الخدمةً من جهةٍ، وجودة الخدمة المقدمة من جهةٍ أخرى، مع الأخذ بعين الاعتبار المنافسة الدولية في مجال تسعير الخدمات العامة.

الهدف الاستراتيجي الثاني: تعزيز سياسات التصنيع بهدف التصدير، وتعديل أهداف المؤسسات الاقتصادية.

هي إعادة تقيم عمل مؤسسات الدولة، في إطار تحفيز كافة الأدوات التمويلية والعلمية، لفتح أسواقٍ جديدة للمنتج المحلي، وفقًا لمعياري السعر والجودة، ومن الأهمية بمكان تعديل أهداف المؤسسات الاقتصادية، وتحويلها من مؤسساتٍ للجباية، إلى مؤسساتٍ فنية متخصصةٍ ذات أدواتٍ تحفيزية للاستثمار.

- النتيجة الوسيطة الثالثة   (الركيزة الاجتماعية)

(تعزيز دور المرأة بالمجتمع، وإصلاح منظومة العمل الخدمي)

الهدف الاستراتيجي الأول: تعزيز دور المرأة بالعمل السياسي والاقتصادي.

هي دعم وتأهيل المرأة نحو المزيد من المكتسبات على الصعيد (الدبلوماسي – الوزاري – الإداري- ....)، وذلك انطلاقًا من الكفاءة والملائمة والتأهيل العلمي، وبما يحقق تعظيم المشاركة السياسية والاقتصادية، لمجتمع أكثر وعيًا على استيعاب كافة شرائح مكوناته، وبما ينعكس إيجابًا على مستقبل الوطن متمثلًا في جهود مواطنيه، ومن الأهمية بمكان استيعاب خصوصية دمج المرأة، لتعظيم الاستفادة من مُخرجات العمل الوطني، بشكلٍ لا يتعارض بل يتلاءم مع دورها الاجتماعي بالأسرة كوحدة بناء المجتمع ونواة تطوُّره.

الهدف الاستراتيجي الثاني: تنمية وتطوير القطاع الصحي.

هي إعادة تقييم منظومة القطاع الصحي بقسميه العام والخاص؛ استنادًا على اهتمامات الوطن والمواطن، مع مراعاة الظروف الصحية العالمية وجاهزية القطاع لاستيعاب الأزمات غير المتوقعة، على صعيد الكادر الفني والإداري، من ثمَّ فإن زيادة مخصصات القطاع داخل الموازنة العامة، تدفع نحو المزيد من التطوير المطلوب، فضلًا عن أهمية إعادة تقييم مفهوم الرعاية الصحية وفق مبدأ سيادة المواطن، الأمر الذي يتطلب العمل على المزيد من العيادات والمستشفيات، ومن الأهمية بمكان تفعيل عمل برامج التأمين الصحي المتطورة، تقدم الخدمة، وفق أسعارٍ ذات ميزة نسبية.

الهدف الاستراتيجي الثالث: تنمية وتطوير قطاع التعليم.

هي إعادة تقييم مخرجات التعليم، ومكوناته الرئيسية؛ وعليه دراسة تطوير التعليم وفق معاييرَ عالمية، يتحقق معها جودة مخرجات التعليم لسوق العمل، مع الحفاظ وتطوير الهياكل الإدارية والفنية بشكلٍ مستمر، ووفق التغيُّرات العالمية، مما يترتب عليه ضرورية دراسة أثر المناهج التعليمية على جودة المُخرجات واستقرار الصحة النفسية للمجتمع، إنَّ التعليم وحدَه كفيلٌ بإحداث نقلةٍ نوعية في مسار رفاهية الوطن والمواطن، ودعم سوق العمل بالكوادر الفنية المطلوبة، ومن ثمَّ تأصيل التنمية المستدامة للمجتمع.

مؤشرات الأداء وتقييم أداء الُمرشَّح:

تأتي مؤشرات الأداء كوسيلةٍ لقياس تنفيذ وعود المرشح لناخبيه، داخل برنامجه الانتخابي، يتم رصد قياس تطوُّرها بشكلٍ دوري، حتى يمكن تصويب الانحراف الانتخابي إن وُجد، وإطلاع المواطن صاحب السيادة دوريًا، على جهود تحقيق متطلباته من خلال ممثليه بالسلطة التشريعية، بما يمثل تجديد ثقة المواطن في أداء المرشح والمجلس على حدٍّ سواء.

طريقة القياس	الفترة الزمنية للقياس	اسم المؤشر	النتيجة الوسيطة	المسلسل
كمِّي	سنوي	عدد القوانين المُعدَّلة والمُستحدثة	الأولى	1
كيفي تحليلي	سنوي	الحساب الختامي للموازنة، وتقرير تقييم سياسة الميزانية	الأولى	2
كمِّي	سنوي	تحليلٌ مقارن للاستثمار الأجنبي المباشر	الثانية	3
كمِّي تحليلي	سنوي	تطور رصيد الميزان التجاري	الثانية	4
كمِّي تحليلي	سنوي	الحسابات القومية والنمو الاقتصادي الحقيقي	الثانية	5
تحليل نتائج استبيان	سنوي	دراسة تقييم مدى رضا العملاء عن القطاع الصحي	الثالثة	6
تحليل نتائج استبيان	سنوي	دراسة تقييم مدى رضا العملاء عن قطاع التعليم	الثالثة	7

- يتم بناء المشاريع الاستراتيجية لخدمة الأهداف الاستراتيجية؛ ومن ثَمَّ تحقيق الأهداف الوسيطة، نحو الوقوف على نجاح النتيجة الرئيسية، كرؤيةٍ استراتيجية يسعى النائب، من خلال المجلس ......، نحو تفعيل العمل السياسي، والمشاركة الأساسية في تصميم القرار، وممارسة الحقوق الدستورية؛ وصولًا إلى لامركزيةٍ سياسية، تسعى بمراحل متعاقبة لتحقيق الديموقراطيات الوليدة التدريجية.

- مؤشرات قياس الأداء الاستراتيجي للوعود الانتخابية للمرشح، ذات أهميةٍ استراتيجية لتكوين الموقف السياسي للناخب من التنظيم والاقتراع بالمراحل المتعاقبة للعمل النيابي للمجالس ......، وتضع معها الوعود الانتخابية محلَّ التنفيذ والقياس الكمّي، ومن ثَمَّ دراسة تطور الأداء الاستراتيجي للنائب، لدائرته الانتخابية، والدولة ككلٍّ.

- مؤشرات قياس الأداء الاستراتيجي للوعود الانتخابية، هو مسارٌ جديد ينقل الديموقراطية العربية، من مسار حرية الانتخاب والاقتراع، نحو مرحلةٍ أرقى من تقييم سلامة الانتخاب ومدى إنجازه، وكيفية تحقيقه لتطلُّعات المواطن العربي، حيث إنَّ حرية الانتخاب المصاحبة لسلامة الاختيار = نموٌ مستدامٌ سياسيًا واقتصاديًا واجتماعيًا؛ فضلًا عن محاولة تجنُّب سلبيات الممارسة الديموقراطية.

- مؤشرات قياس الأداء الاستراتيجي = تطبيقٌ مدروس لتدريجية الديموقراطيات العربية الوليدة.

أهداف مؤشرات قياس الأداء الاستراتيجي ـ الوعود الانتخابية:

- تقييم جميع الإجراءات والعمليات والخطط والتكلفة الخاصة بكل نشاطٍ وقيمة العائد الخاص بكل خدمةٍ مُقدَّمة.

- الوقوف على دور فريق العمل وكل موظف داخل المؤسسة ومدى تأثير كل منهم في سير العمل، وهل يُساهمون بالفعل في تحقيق أقصى نجاحٍ للاستراتيجية وخطط العمل أم لا.

- التعرف على كيفية تحسين وتطوير الأداء والتطبيق العملي للاستراتيجيات الناجحة من أجل الوصول إلى أعلى معدَّل إنتاجيةٍ ممكنة.

- الوصول إلى الطرق الصحيحة التي يُمكن من خلالها ترجمة استراتيجيات العمل سواءً القديمة أو الحديثة المناسبة إلى مجموعةٍ من خطط العمل وطرق القياس بشكلٍ دقيق يضمن تنفيذها بشكلٍ صحيح.

- تطبيق مفهوم الجودة داخل العمل النيابي، العمل في ضوء ما تتطلبه استراتيجية العمل، وبالتالي ضمان نجاح استراتيجية وخطط العمل.

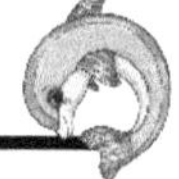

المبحث الثاني: التخطيط الاستراتيجي للحملات الدعائية

مقدمة

في ظل التطور المضطرد، وتنامي الاعتمادية في التواصل على النمو التقني والفضاء الإلكتروني الافتراضي ـوالجدير بالذكر التأكيد على أهمية ومحورية وسائل ومواقع التواصل الاجتماعي في عصر ما بعد العولمةـ وبعد شيوع جائحة كورونا (COVED 19)، وفرض عمليات الإغلاق، وتعميم الإجراءات الاحترازية، التي تمنع بل تقف عقبةً في سبيل التواصل المباشر بين الأفراد، عطفًا على خطورة التجمُّعات بينهم؛ ومن ثمَّ أصبح تواصل المرشح الانتخابي، مع جمهور الناخبين، استثناءً مقيدًا يمنعه أو يمنحه القانون، وفق ضرورات الحفاظ على صحة الفرد والمجتمع.

وعليه فإنَّ تصميم الحملات الدعائية الإعلانية ـفي محيط ما سبقـ يرتكز في أهدافه الاستراتيجية على الفضاء الإلكتروني، ومواقع التواصل الاجتماعي، ومن ثمَّ اختلاف ماهية التخطيط وأدوات الترويج، وكيفية الوصول للجمهور المستهدف، بحيث تكون المؤتمرات الانتخابية في آخر سلم الأولويات الدعائية.

إنَّ تدريب المرشَّح الانتخابي، على الحملات الدعائية وفقًا للمفهوم الجديد (الدعاية الافتراضية المخططة PVA)، يستلزم منهجًا جديدًا واتجاهًا مختلفًا نحو الاستغلال الأمثل لأدوات الترويج المتاحة، وبما يضمن عدم إهمال الشرائح المستهدفة، وعدم تجاهل المستخدمين (جمهور الناخبين)، واحتواء كافة أدوات التواصل الاجتماعي، والتوثيق المرئي والمكتوب والمطبوع.

أولًا: الترويج والأدوات الاستراتيجية (الدعاية الافتراضية)

في إطار تخطيط الدعاية الافتراضية، هناك ضرورةٌ نحو تقسيم الأدوات المتاحة، والتي يمكن التعويل عليها في الترويج للمرشح الانتخابي، بحيث تأخذ التقسيمات التالية:

المطبوعات	الفيديوهات	النصوص
• ملخص البرنامج.	• فيديو خطاب الترشح.	• التغريدات.
• البرنامج الانتخابي.	• فيديو البرنامج الانتخابي.	• قوالب وتصاميم.
• الدعوة الترويجية.	• فيديو دعوة الناخبين.	• عبارات ثابتة.
• بطاقات متنوعة.	• فيديوهات التواصل.	• مقتطعات.
• استبيانات.	• موشن جرافك.	• الروابط الإلكترونية.
• الصحافة.	• فيديوهات تعريفية.	• نصوص لينكد إن.
• ملفات PDF.	• فيديوهات تلفزيونية.	• نصوص إلكترونية.
• بانارات الشوارع (تصميم)		

- يتم جدولة النشر الأدوات الترويجية، وفقًا لجدول تخطيطٍ يتعامل مع اليوم الواحد، إلى قسمين (صباحي – مسائي)، وموزَّعٌ توزيعًا موضوعيًا، يتم مراعاة مصفوفة الفئات والشرائح العمرية المستهدفة، ويتم توزيعها على مواقع التواصل الاجتماعي، وفقاً لتركز كل فئةٍ من جمهور الناخبين (الجنس – الفئة العمرية).

- من الأهمية بمكان، إتمام البنية التحتية للفضاء الإلكتروني (تصميم الموقع الإلكتروني – تفعيل الحسابات بالتواصل الاجتماعي – تفعيل لينكد إن – تفعيل البريد الإلكتروني – الربط الإلكتروني بين الحسابات – شعار الحملة – هاشتاج الحملة – تحوُّل كل الأدوات لرابط إلكتروني تفاعلي – ....).

أمثلة عملية / أدوات ترويجية (مُرشحٌ للمجالس ....)

تنشيط حساب المرشح (تويتر)

1) مبدأ سيادة المواطن هو أساس العمل التشريعي ومصدر إصلاح المنظومة القانونية واستكمال الاستحقاقات الدستورية وصولًا إلى تطبيق الدولة المدنية الحديثة في مسار الديموقراطية التدريجية.

المساحات	مقطع	الجمل	الكلمات	الحروف
175	25	1	1	23

2) التخطيط الاستراتيجي -لاسيما التخطيط المبني على النتائج- هو منهجية التناغم بين الحاضر والمستقبل، وإزالة الفجوة بين النظرية والتطبيق، وقد استوعبنا دروس التاريخ ونبدأ من حيث انتهى الآخرون.

المساحات	مقطع	الجمل	الكلمات	الحروف
180	27	1	1	26

3) دعم المرأة هو دعمٌ حقيقيٌّ لكل المجتمع؛ فهي وحدة البناء الطموح، ونرتكز بالعمل العام وبشكلٍ تفضيلي على تحقيق الاستقرار الكلي للمرأة أولًا كنواةٍ لرفاهية المجتمع وتطوُّره.

المساحات	مقطع	الجمل	الكلمات	الحروف
164	26	1	1	26

4) المشاركة بالانتخابات هو المعيار الأساس في نجاح العملية الانتخابية، وتنبُّؤٌ سليم نحو مجلس تشريعي قادر على تحقيق متطلبات المواطن، وقفزة في مسار الديموقراطية التدريجية المستهدفة.

المساحات	مقطع	الجمل	الكلمات	الحروف
171	25	1	1	24

5) أهم الدروس المستفادة في مواجهة .... هو حتمية التكاتف بين المواطن والقيادة؛ لاسيَّما القضايا العادلة والمبادئ الراسخة والسيادة الوطنية؛ لننعم دائمًا بمجتمعٍ أكثر استقرارًا.

المساحات	مقطع	الجمل	الكلمات	الحروف
179	25	1	1	24

6) مازالت رؤية .... 2030م استراتيجيةً مُلزمة في تحقيق ركائزها الأساسية، وخارطة طريقٍ لا ينفصل بها التوجيه السياسي عن أهداف المشاركة السياسية، ونسعى لتحقيقها.

المساحات	مقطع	الجمل	الكلمات	الحروف
157	24	1	1	23

7) جاءت الرغبة من وراء الترشُّح لمجلس .... هي العمل على خدمة الوطن والمواطن في ضوء استراتيجيةٍ

واضحة وبرامج محددة معًا نستطيع إثراء التجربة والانضمام للديموقراطيات المتقدمة نؤثر ونتأثَّر.

المساحات	مقطع	الجمل	الكلمات	الحروف
180	28	1	1	27

8) العمل السياسي هدفه الأسمى تنمية المجتمع، وتدعيم دولة المؤسسات وسيادة المواطن في إطارٍ من الممارسة الديموقراطية التدريجية، وتعبيرٌ أصيلٌ عن إعادة صياغة وجه التاريخ.

المساحات	مقطع	الجمل	الكلمات	الحروف
161	24	1	1	23

9) .... تستحق الأفضل شريعةً، وحياة انتخابات مجلس الشورى تنطلق بنا إلى مسارات الدولة المدنية الحديثة؛ لنرتقي جميعًا نحو أعلى سُلم التعلم والتمثيل الديموقراطي التدريجي.

المساحات	مقطع	الجمل	الكلمات	الحروف
159	24	1	1	23

10) خدمة المواطن هو شرفُ المرشح ومستقبله السياسي، وأساس تنمية الفرد والمجتمع، ونحن لها جاهزون، والعلم أساس الجاهزية، والتخطيط أدواتها.

المساحات	مقطع	الجمل	الكلمات	الحروف
126	19	1	1	18

جدول الترويج (واتس أب المرشح):

الثلاثاء 28 امرأة	الثلاثاء 28 ناخب مؤثر	الثلاثاء 28 ناخب عادي	الاثنين 27 امرأة	الاثنين 27 ناخب مؤثر	الاثنين 27 ناخب عادي	الأحد 26 امرأة	الأحد 26 ناخب مؤثر	الأحد 26 ناخب عادي	السبت 25 امرأة	السبت 25 ناخب مؤثر	السبت 25 ناخب عادي	الجمعة 24 امرأة	الجمعة 24 ناخب مؤثر	الجمعة 24 ناخب عادي	الخميس 23 امرأة	الخميس 23 ناخب مؤثر	الخميس 23 ناخب عادي	أدوات الترويج	نوع المصنف
X	X	X													X		X	خطاب محاور البرنامج	فيديو/يوتيوب
												X	X	X				موشن جرافيك ج1 (منهجية)	فيديو/يوتيوب
			X	X	X				X	X								موشن جرافيك ج2 (النتيجة الرئيسية والرقابية)	فيديو/يوتيوب
	X															X		موشن جرافيك ج3 (النتيجة الاقتصادية)	فيديو/يوتيوب
X		X										X						موشن جرافيك ج4 (النتيجة الاجتماعية)	فيديو/يوتيوب
			X		X					X	X				X			موشن جرافيك ج5 (مؤشرات القياس)	فيديو/يوتيوب
				X					X									البرشور المختصر للبرنامج	PDF
						X	X	X										البرنامج الانتخابي	PDF
									X	X	X	X	X	X	X	X	X	رابط الاستبيان رجال	رابط إلكتروني
																		رابط الاستبيان نساء	رابط إلكتروني
X	X	X										X	X	X				رابط الموقع الإلكتروني	رابط إلكتروني
						X	X	X							X	X	X	تغريدة منشورة / خبر صحفي	رابط من تويتر
				X		X		X										تصميم انستجرام	رابط من انستجرام
								يحددها المرشح (مهم وضروري)										تصميم دعوة اجتماع/ عشاء - نساء	صورة
								يحددها المرشح										تصميم دعوة اجتماع بمجلس المرشح	صورة

مصادر وتوزيعات الفئات الترويجية:

	الأدوات الترويجية للمرشح			
	مرئية	مسموعة	مطبوعة	استبيان
أدوات إلكترونية	فيديو خطاب المرشح كامل	عدد 2 موشن جرافيك تفصيلي للبرنامج الانتخابي	البرنامج الانتخابي	رجال
	ثلاث مقاطع الفيديو خطاب المرشح		ملخص البرنامج الانتخابي	نساء
	فيديو خطا ب ملخص البرنامج			
	ثلاث مقاطع فيديو خطاب ملخص البرنامج			
أدوات مطبوعة	مطبوعة	بانارات	لوحات	استبيانات
	البرنامج الانتخابي	خريطة توزيع البانارات	خريطة توزيع اللوحات	رجال
	ملخص البرنامج الانتخابي			نساء
أدوات مكتوبة ومنشورة	وسائل التواصل الاجتماعي	الموقع الإلكتروني	لينكد إن	ونس آب
	تغريدات تويتر	المرشح في سطور	المرشح في سطور	تغريدات تويتر
	فيديو خطابت الترشح كامل تويتر	ألبوم الصور	ألبوم الصور	فيديو خطاب المرشح كامل تويتر
	ثلاث مقاطع فيديو خطاب المرشح تويتر	ألبوم الفيديوهات	ألبوم الفيديوهات	ثلاث مقاطع لفيديو خطاب المرشح تويتر
	فيديو خطاب ملخص البرنامج تويتر	البرنامج الانتخابي	البرنامج الانتخابي	فيديو خطاب ملخص المرشح تويتر
	ثلاث مقاطع فيديو خطاب ملخص البرنامج	ملخص البرنامج الانتخابي	ملخص البرنامج الانتخابي	ثلاث مقاطع لفيديو خطاب ملخص المرشح تويتر
	مقاطع متنوعة من البرنامج الانتخابي المطبوع	أساليب التواصل	أساليب التواصل	مقاطع متنوعة من البرنامج الانتخابي المطبوع
جدول الزيارات الميدانية	المجالس	الأماكن العامة	الزيارات العائلية (نساء)	الشخصيات الأكثر تأثيراً
	البرنامج الانتخابي	الظهور بالمناسبات الاقتصادية		رجال الأعمال
	ملخص البرنامج الانتخابي	الظهور بالمناسبات الاجتماعية		شيوخ القبائل
	إجابات الأسئلة المتوقعة	الظهور بالمناسبات السياسية		الأكثر تعليماً
الظهور الإعلامي	لقاءات تليفزيونية	لقاءات صحفية		مقاطع فيدبو
	تصميم من الشركة	تصميم من الشركة		خطاب الترشح والبرنامج الكامل والمقطع

الهدف الاستراتيجي	البرنامج الانتخابي للمرشح											
الجمهور المستهدف	عام/ قاعد الناخبين للدولة + القيادة السياسية						خاص/ قاعدة الناخبين الدائرة البدع					
العدد	ثلاثون ألف ناخب/ بمعدل ألف ناخب لكل دائرة						ألف ناخب من الدائرة الثامنة - البدع					
نوع الجنس	رجال بنسبة %40			نساء بنسبة %60			رجال بنسبة %50			نساء بنسبة %50		
الفئات العمرية	أكبر من 60 عاماً	من 41:60 عاماً	من 18: 40 عاما	متزوجة	غير متزوجة	قضايا خاصة	أكبر من 60 عاماً	من 41:60 عاما	من 18: 40 عاما	متزوجة	غير متزوجة	قضايا خاصة
القضايا ذات الاهتمام المشترك	قضايا التقاعد والمعاشات	توزيعات الأراضي والعزب	إعادة تقييم سن الزواج	الفحص الطبي الدوري المخطط	قضايا التقاعد والمعاشات		قضايا التقاعد والمعاشات	توزيعات الأراضي والعزب	إعادة تقييم سن الزواج	الفحص الطبي الدوري المخطط	قضايا التقاعد والمعاشات	
	الفحص الطبي الدوري المخطط	الأجور والرواتب ومعدلات التضخم	التأهيل المخطط لسوق العمل	الأجور والرواتب ومعدلات التضخم	الفحص الطبي الدوري المخطط		الفحص الطبي الدوري المخطط	الأجور والرواتب ومعدلات التضخم	التأهيل المخطط لسوق العمل	الأجور والرواتب ومعدلات التضخم	الفحص الطبي الدوري المخطط	
	إعادة تقييم الرعاية الخاصة	تسهيل إجراءات الاستثمار	إعادة تقييم فروض البناء	دراسة إضافة علاوة مولود	إعادة تقييم الرعاية الخاصة		إعادة تقييم الرعاية الخاصة	تسهيل إجراءات الاستثمار	إعادة تقييم فروض البناء	دراسة إضافة علاوة مولود	إعادة تقييم الرعاية الخاصة	
	إعادة تقييم أسعار الخدمات الحكومية	دراسة علاوة بطالة	إعادة تقييم دعم لأسر المنتجة	الأجور والرواتب ومعدلات التضخم	إعادة تقييم دعم دعم الأسر المنتجة		إعادة تقييم أسعار الخدمات الحكومية	دراسة علاوة بطالة	إعادة تقييم دعم لأسر المنتجة	الأجور والرواتب ومعدلات التضخم	إعادة تقييم دعم دعم الأسر المنتجة	
	تبني آلية جديدة لموظفات العلاج بالخارج	السماح للقطاع الخاص بالمنافسة الحكومية	تني آلية جديدة لموظفات العلاج بالخارج	دمج وتمكين المرأة بالعمل السياسي	تسهيل إجراءات الاستثمار		تبني آلية جديدة لموظفات العلاج بالخارج	السماح للقطاع الخاص بالمنافسة الحكومية	تني آلية جديدة لموظفات العلاج بالخارج	دمج وتمكين المرأة بالعمل السياسي	تسهيل إجراءات الاستثمار	
				دراسة هيكل الأجازات مدفوعة الأجر						دراسة هيكل الأجازات مدفوعة الأجر		
	القيادة السياسية						شيوخ القبائل وأعيان ورجال أعمال الدائرة + أهم النساء بالدائرة					
	استيفاء حقوق الأرامل والمطلقات						استيفاء حقوق الأرامل والمطلقات					

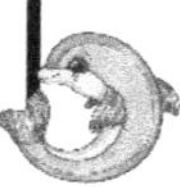

مثالٌ على استراتيجية النشر بالتواصل الاجتماعي:

استراتيجية النشر بالحملة الدعائية للمرشح الانتخابي

م	اليوم	نوع النشر	الوقت	عدد الحروف	الشعار عن	محتوى الوسائط / المستهدف	النوع الوسائط	الفئة			ملاحظات
								النشر	شف	فجر	
1	الأربعاء	15/9/2021	12AM	173	[غير واضح]	صورة المرشح + رقم الدائرة + الشعار الخاص بالمرشح	تصميم	نعم	نعم	نعم	ينشر التصميم بالمقاسين (طولي - عرضي) حسب احتياج كل منصة
2	الأربعاء	15/9/2021	8AM		فيديو خطاب الترشح (كامل)	فيديو خطاب الترشح (كامل)	فيديو	نعم	نعم	نعم	يوضع الفيديو بشكل طولي مبنى نشرة مستوى الاستوري سيتم كتابة نص يناسب مدة الفيديو
3	الأربعاء	15/9/2021	10AM		تويتر خلع البرنامج الانتخابي	تويتر خلع البرنامج الانتخابي	تصميم	نعم	نعم	نعم	ينشر التصميم بالمقاسين (طولي - عرضي) حسب احتياج كل منصة
4	الأربعاء	15/9/2021	6PM	214	[غير واضح]	سوف نعمل على حماية هذه التجربة ونؤمن أن الوطن يسع الجميع	تصميم	نعم	نعم	نعم	ينشر التصميم بالمقاسين (طولي - عرضي) حسب احتياج كل منصة
5	الأربعاء	15/9/2021	9PM	199	[غير واضح]	المساهمة في تحقيق الاستقرار الصحي والاقتصادي والاجتماعي	تصميم	نعم	نعم	نعم	ينشر التصميم بالمقاسين (طولي - عرضي) حسب احتياج كل منصة
6	الأربعاء	15/9/2021	9PM		[غير واضح]	كتابة تغريدة مناسبة لنشر الاستبيان وتضمن رابط الاستبيان	تصميم	نعم	نعم	نعم	ينشر التصميم بالمقاسين (طولي - عرضي) تضمن رابط الاستبيان
7	الخميس	9/16/2021	8AM		تويتر خلع البرنامج الانتخابي	تويتر خلع البرنامج الانتخابي	تصميم	نعم	نعم	نعم	ينشر التصميم بالمقاسين (طولي - عرضي) حسب احتياج كل منصة
8	الخميس	16/9/2021	10AM	143	[غير واضح]	رؤية قطر الوطنية 2050 خريطة طريق نقاط سعياً ونحو أهدافها	تصميم	نعم	نعم	نعم	ينشر التصميم بالمقاسين (طولي - عرضي) حسب احتياج كل منصة
9	الخميس	16/9/2021	6PM		فيديو خطاب البرنامج الانتخابي كامل	فيديو خطاب البرنامج الانتخابي كامل	فيديو	نعم	نعم	نعم	يوضع الفيديو بشكل طولي مبنى نشرة مستوى الاستوري سيتم كتابة نص يناسب مدة الفيديو
10	الخميس	16/9/2021	10PM		تويتر خلع البرنامج الانتخابي	تويتر خلع البرنامج الانتخابي	تصميم	نعم	نعم	نعم	ينشر التصميم بالمقاسين (طولي - عرضي) حسب احتياج كل منصة
11	الخميس	16/9/2021	10PM	206	[غير واضح]	نحقق جميعاً هذه التجربة من أجل صياغة المواطن والقانون في إطار ديمقراطي	تصميم	نعم	نعم	نعم	ينشر التصميم بالمقاسين (طولي - عرضي) حسب احتياج كل منصة
12	الجمعة	17/9/2021	10AM	98	[غير واضح]	[غير واضح]	تصميم	نعم	نعم	نعم	ينشر التصميم بالمقاسين (طولي - عرضي) حسب احتياج كل منصة
13	الجمعة	17/9/2021	4PM		تويتر خلع البرنامج الانتخابي	تويتر خلع البرنامج الانتخابي	تصميم	نعم	نعم	نعم	ينشر التصميم بالمقاسين (طولي - عرضي) حسب احتياج كل منصة
14	الجمعة	17/9/2021	6PM	246	[غير واضح]	[غير واضح]	تصميم	نعم	نعم	نعم	ينشر التصميم بالمقاسين (طولي - عرضي) حسب احتياج كل منصة
15	الجمعة	17/9/2021	9PM		[غير واضح]	كتابة تغريدة مناسبة لنشر الاستبيان وتضمن رابط الاستبيان	تصميم	نعم	نعم	نعم	ينشر التصميم بالمقاسين (طولي - عرضي) تضمن رابط الاستبيان
16	الجمعة	17/9/2021	10PM		فيديو إيجابي خرافي كامل	فيديو إيجابي خرافي كامل	فيديو	نعم	نعم	نعم	يوضع الفيديو بشكل طولي مبنى نشرة مستوى الاستوري سيتم كتابة نص يناسب مدة الفيديو
17	السبت	9/18/2021	9AM		تويتر خلع البرنامج الانتخابي	تويتر خلع البرنامج الانتخابي	تصميم	نعم	نعم	نعم	ينشر التصميم بالمقاسين (طولي - عرضي) حسب احتياج كل منصة
18	السبت	9/18/2021	11AM	197	[غير واضح]	[غير واضح]	تصميم	نعم	نعم	نعم	ينشر التصميم بالمقاسين (طولي - عرضي) حسب احتياج كل منصة
19	السبت	9/18/2021	7PM		الجزء الأول من فيديو خطاب الترشح من 0:21 إلى 0:47	الجزء الأول من فيديو خطاب الترشح من 0:21 إلى 0:47	فيديو	نعم	نعم	نعم	يوضع الفيديو بشكل طولي مبنى نشرة مستوى الاستوري سيتم كتابة نص يناسب مدة الفيديو
20	السبت	9/18/2021	9PM		تويتر خلع البرنامج الانتخابي	تويتر خلع البرنامج الانتخابي	تصميم	نعم	نعم	نعم	ينشر التصميم بالمقاسين (طولي - عرضي) حسب احتياج كل منصة
21	الأحد	9/19/2021	8AM	189	[غير واضح]	نعمل الرقابة على الإنفاق الحكومي ومؤسسات القطاع العام	تصميم	نعم	نعم	نعم	ينشر التصميم بالمقاسين (طولي - عرضي) حسب احتياج كل منصة

تصميم الـ (موشن جرافيك) من خلال البرنامج الانتخابي:

فيديو تعريفي بمنهجية إعداد البرنامج الانتخابي (1):

تمَّ الاعتماد على الأسلوب العلمي في إعداد البرامج والمشاريع الانتخابية؛ حيث تم استخدام منهجية التخطيط الاستراتيجي، وبالتحديد استخدمنا التخطيط المبني على النتائج؛ لمحاولة التقريب بين ما سيمُنح للنائب من أدواتٍ وصلاحيات من جهة، وكذلك اهتمامات وقضايا المواطن الحقيقية من جهةٍ أخرى، كما تم ربط البرنامج برؤية .... 2030م، بهدف التنسيق والبناء على الجهود السابقة.

وعليه فإنَّ التخطيط المبني على النتائج يُمثل التناغم بين الحاضر والمستقبل، ويزيل الفجوة بين النظرية والتطبيق.

هذا البرنامج الانتخابي يقترح أيضًا مجموعةً من مؤشرات الأداء الاستراتيجي، والتي تسمح للناخب الكريم قياسها ومتابعة نتائجها، ليتفضل سيادته باختبار كافة وعود النائب ومستوى تحقيق تلك الأهداف أو الوعود الانتخابية.

ويتوزَّع البرنامج الانتخابي إلى المحاور الرئيسية التالية:

النتيجة الرئيسية : تعزيز الحقوق والمشاركة واستكمال المؤسسات الدستورية

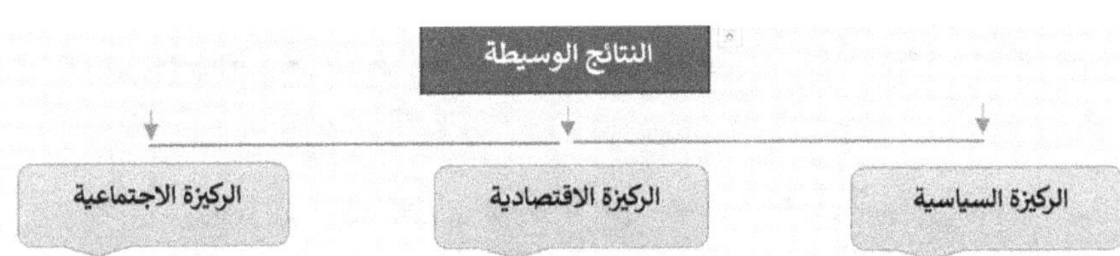

وجاءت الأهداف الاستراتيجية التابعة لكلّ نتيجةٍ وسيطة، للتأكيد على ضمان تحقيق النتائج الوسيطة، وتحَقيق النتيجة الرئيسية، كما أنَّ الأدوات والصلاحيات الممنوحة لنواب مجلس ...... هي وسيلة تحقيق الأهداف والنتائج.

تم تحليل البيئة الداخلية للمواطن ......، وتم تحديد جميع القضايا ذات الاهتمام المشترك، لتكون المصدر والإلهام لبناء هذا البرنامج الانتخابي.

فيديو تعريفي بالنتيجة الرئيسية للبرنامج الانتخابي + النتيجة الوسيطة الأولى (2)

النتيجة الرئيسية : تعزيز الحقوق والمشاركة واستكمال المؤسسات الدستورية

تمثل النتيجة الرئيسية بالبرنامج الانتخابي، رؤيتنا لما سنحصد من نتائج في نهاية الفترة.

وتعني أن يكون المواطن وقضاياه هو مصدر العمل النيابي بمجلس ....، كما أنَّ استكمال المؤسسات الدستورية وتوفير السلطات الثلاثة (التشريعية – التنفيذية – القضائية)، هي قفزة نحو الديموقراطية التدريجية، وصولًا للدولة المدنية الحديثة، وتحسين رفاهية الفرد والمجتمع.

سنعمل معًا بمجلس ......، للتأصيل القانوني للحقوق المكتسبة بمجلس ..... المنتخب، والذي يستمد شرعيته من المواطن وللمواطن، ومن ثَمَّ الكفاءة التشغيلية للدولة المدنية الحديثة، التي تُعتبر المناخ الملائم، لنمو ورفعة الوطن الحبيب.

> -   النتيجة الوسيطة الأولى   (الركيزة السياسية)
>
> (إصلاح المنظومة التشريعية والقانونية، لملائمة التطورات المجتمعية اقتصاديًا وسياسيًا)

الهدف الاستراتيجي الأول : حوكمة القطاع الحكومي

وتعني مراقبة وضبط القوانين والتشريعات لضمان حسن تسيير الدولة وفقًا لمعايير الشّفافية والعدالة وضمان حقِّ المساءلة،

ومكافحة الفساد، والتي تمثل في جوهرها الالتزام بالقانون، لتكون سيادة المواطن وكفاءة العمل الحكومي من وراء القصد.

الهدف الاستراتيجي الثاني: تخطيط سياسة الميزانية العامة للدولة، واعتماد الموازنة بالأهداف

وهي مراقبة كيفية تَدخُّل سياسة الميزانية في تحقيق الاستقرار الاقتصادي للمجتمع، واستخدام أدوات السياسة المالية (الإنفاق الحكومي ــ الضرائب والتحويلات)، لمكافحة الفجوات الاقتصادية من كسادٍ أو تضخُّمٍ، وبهدف تنويع مصادر الدخل، والتنويع الاقتصادي.

فيديو تعريفي بالنتيجة الوسيطة الثانية (3)

النتيجة الوسيطة الثانية   (الركيزة الاقتصادية)

(تحسين مناخ الاستثمار، وتعظيم القيمة المضافة للصناعة المحلية)

الهدف الاستراتيجي الأول : إصلاح هيكل النظام الضريبي، وسياسات تسعير الخدمة العامة

وهي إعادة تقييم أداء الجهاز الضريبي، وكفاءة قانون الضريبة، وتعديل أهداف الضريبة نحو مجتمع أكثر استقرارًا ـومن ثمَّ العدالة الضريبيةـ فضلًا عن بناء تسعير الخدمات العامة وفقًا لمنهجيةٍ علمية توازن بين سعر وجودة الخدمة المقدَّمة، دون إهمال اعتبار المنافسة الدولية في مجال تسعير الخدمات العامة.

الهدف الاستراتيجي الثاني: تعزيز سياسات التصنيع بهدف التصدير، وتعديل أهداف المؤسسات الاقتصادية

هي إعادة تقييم عمل مؤسسات الدولة؛ بهدف تحفيز كافة الأدوات التمويلية، لفتح أسواقٍ جديدة للمنتج المحلي، وفقًا لمعياري السعر والجودة، ومكافحة الممارسات الاحتكارية، وتحويلها من مؤسسات للجباية، إلى مؤسساتٍ فنية متخصصة تدعم التنمية الاقتصادية والاستثمار، مع السماح للقطاع الخاص بالمنافسة داخل القطاعات الاستراتيجية، ومجال الخدمات اللوجستية.

فيديو تعريفي بالنتيجة الوسيطة الثالثة (4)

- النتيجة الوسيطة الثالثة   (الركيزة الاجتماعية)

(تعزيز دور المرأة بالمجتمع، وإصلاح منظومة العمل الخدمي)

الهدف الاستراتيجي الأول : تعزيز دور المرأة بالعمل السياسي والاقتصادي

هي دعم وتأهيل المرأة نحو المزيد من المكتسبات على الصعيد (الدبلوماسي – الوزاري – الإداري- .....)، وبما يحقِّق تعظيم المشاركة السياسية والاقتصادية، وبما ينعكس إيجابًا على مستقبل الوطن، مع أهمية استيعاب خصوصية دمج المرأة بكل القطاعات، بشكلٍ يتلاءم مع دورها الاجتماعي المحوري بالأسرة كوحدة بناء المجتمع ونواة تطوره.

الهدف الاستراتيجى الثانى: تنمية وتطوير القطاع الصحى

هي إعادة تقييم منظومة القطاع بقسميه العام والخاص استنادًا على اهتمامات المواطن، ومدى جاهزية القطاع لاستيعاب الأزمات، واستيفاء الكادر الفني والإداري، وعليه فإن دراسة كفاءة الإنفاق على القطاع الصحي، تدفع نحو المزيد من التطوير المطلوب، مع أهمية تقييم مفهوم الرعاية الصحية، مما يتطلب العمل على المزيد من العيادات والمستشفيات، والمراكز الصحية، وتفعيل عمل برامج التأمين الصحي المتطورة، وفق أسعارٍ ذات ميزة نسبية.

الهدف الاستراتيجى الثالث: تنمية وتطوير قطاع التعليم

هي إعادة تقييم مُخرجات التعليم؛ وعليه دراسة تطوير التعليم وفق معاييرَ عالمية، تتحقَّق معها جودة مخرجات التعليم لسوق العمل، مع الحفاظ وتطوير الهياكل الإدارية والفنية بشكلٍ مستمر، مما يترتب عليه ضرورية دراسة أثر المناهج التعليميَة على جودة المخرجات واستقرار الصحة النفسية للمجتمع، إنَّ التعليم وحده كفيلٌ بإحداث نقلةٍ نوعية في مسار رفاهية الوطن والمواطن، ودعم سوق العمل بالكوادر الفنية المطلوبة.

- فيديو تعريفي - مؤشرات الأداء وتقييم أداء المُرشح (5)

مؤشرات الأداء هي وسيلة الناخب المواطن لقياس تنفيذ وعود المُرشَّح لناخبيه، حيث يتم رصد قياس تطورها بشكلٍ دوري -حتى يمكن تصويب الانحراف الانتخابى إن وُجد- وإطلاع المواطن صاحب السيادة دوريًا على جهود تحقيق متطلباته من خلال ممثليه بالسلطة التشريعية، بما يمثل تجديد ثقة المواطن في أداء المرشح والمجلس على حدٍ سواء.

طريقة القياس	الفترة الزمنية للقياس	اسم المؤشر	النتيجة الوسيطة	عدد المؤشرات
كمِّي	سنوي	عدد القوانين المعدَّلة والمستحدثة	الأولى	1
كيفي تحليلي	سنوي	الحساب الختامي للموازنة، وتقرير تقييم سياسة الميزانية		2
كمي	سنوي	تحليل مقارن للاستثمار الأجنبي المباشر	الثانية	1
كمي تحليلي	سنوي	تطور رصيد الميزان التجاري		2
كمي تحليلي	سنوي	الحسابات القومية ومعدل النمو الاقتصادي الحقيقي		3
تحليل نتائج استبيان	سنوي	دراسة تقييم مدى رضا العملاء عن القطاع الصحي	الثالثة	1
تحليل نتائج استبيان	سنوي	دراسة تقييم مدى رضا العملاء عن قطاع التعليم		2

إنَّ العمل السياسي هدفه الأسمى هو تنمية المجتمع، وتدعيم دولة المؤسسات، وسيادة القانون، في إطارٍ من الممارسة الديموقراطية التدريجية تعبيرًا أصيلًا عن المشاركة الشعبية، ومن ثم إعادة صياغة وجه التاريخ، وصولًا إلى الدولة المدنية الحديثة التي تعتمد في بنائها على مؤسساتها وسلطاتها الدستورية، .... تستحق الأفضل دائمًا، شريعةً وحياة، بجهود مواطنيها.

ثانيًا: المحاور الاستراتيجية للبناء الإعلامي للحملات الانتخابية:

- تشكيل فريق عملٍ متخصص.
- تصميم البرنامج الانتخابي (مطبوع – PDF – رابط إلكتروني).
- تصوير فيديو قصير (خطاب الترشح).
- تصوير فيديو قصير (محاور البرنامج الانتخابي).
- تصوير فيديو قصير (دعوة الناخبين للتصويت).
- تصميم جداول النشر.
- تحديد حسابات التواصل الاجتماعي.
- تصميم الموقع الإلكتروني، وتحميل كافة الأدوات الترويجية وفقًا لتقسيمٍ مناسب لموضوع الانتخابات.
- تصميم الموشن جرافيك + إعداد رابطٍ إلكتروني لكل أداةٍ ترويجية،
- إعداد التغريدات + التصميم المصاحب لكلّ تغريدة.
- تصميم خرائط النشر بالأداة والفئة وأسلوب النشر.
- تقطيع الفيديوهات إلى ثلاثة مقاطع رئيسية، تُستخدم للنشر بعباراتٍ مستهدفة خلال أيام الحملة.
- تقطيع البرنامج الانتخابي (PDF) إلى ثلاثة مقاطع رئيسية، متناسبةٍ مع الثلاثة مقاطع المستهدفة من الفيديوهات.
- الحوار السياسي: طبقة رجال الأعمال الوطنيين (زياراتٌ ميدانية)

مثال عملي لحوار مع رجال أعمال وطنين

أولًا: مبادئ عامة:

- قبول كافة الطلبات، وتفادي ذكر كلمة (لا) نهائيًا.
- التظاهر بالإعجاب والمفاجأة، عند اصطياد كلمةٍ يقولها تقع في برنامجك الانتخابي.
- الارتياح بتعبيرات الوجه، مع تخيُّل الشيء أثناء الحديث عنه، يدفع إلى استخدام الحواس = صدق تلقائي.
- الرحابة في الشرح، وفتح الذراعين، وإعطاء المجال للشخص للمقاطعة ثم استمرار الحوار.

ثانيًا: الحوار حول البرنامج الانتخابي:

- البرنامج قائمٌ على منهجية التخطيط الاستراتيجي، والاستبيانات هي دليلنا لتحديد النتائج المرجوة.
- وبعد عرض الجمهور للمجموعة من المشاكل بشكلٍ جزئي، تم الاستقرار على أحدث طرق التخطيط؛ وهو التخطيط المبني على النتائج (هارفرد).
- التخطيط المبني على النتائج هو المنهجية المطبَّقة في إعداد استراتيجية التنمية الوطنية.

ثالثًا: موضوع الضرائب:

- لا توجد في الوقت الراهن أيَّةُ نيَّةٍ لتطبيق ضرائب جديدة.
- لا يتحمل المواطن المستثمر النسبة المئوية للضريبة (سعر الضريبة = 10%)، لكن نحن نعلم أنك تتحمل أشياء ذات علاقة وهي:

1) تكلفة العمل على إعداد الملف الضريبي (الميزانية المعتمدة + أجور المحاسبين + ...) = ضغط إداري.
2) صعوبات التسجيل والإقرار الضريبي.
3) ضعف النظام الضريبي الإلكتروني للتسجيل عن بعد وتقديم الإقرار.

رابعًا: المحاور الرئيسية للبرنامج الانتخابي:

- أهم شيء أنه = برنامج يطرح من داخله مؤشرات قياسٍ لمحاسبة المرشح من قِبَل ناخبيه على الوعود الانتخابية.
- البرنامج يقوم على تقديم حلولٍ لاهتمامات المواطن الحقيقية من خلال الصلاحيات الدستورية للنائب.
- البرنامج تم ربطه برؤية .... 2030، ولا يعمل من فراغ، حيث يتضمن ثلاث ركائز أساسية:

1) السياسية = مراجعة القوانين + سياسة الميزانية.
2) الاقتصادية = إصلاح الهيكل الضريبي + سياسة تسعير الخدمة العامة.
3) الاجتماعية = المرأة والطفل + التعليم + الصحة.

- ينتهي البرنامج بمؤشرات الأداء الاستراتيجي لقياس الإنجاز.

خامسًا: نهاية الحوار

لقد استفدت كثيرًا من هذا اللقاء؛ فأنت أضفتَ لي العديد من النقاط الهامة التي كانت غائبةً عن البرنامج الانتخابي، واسمح لي بتكرار الزيارة لمزيدٍ من الاستفادة، جزاك الله خيرًا، وشكرًا جزيلًا، وسلام حميم من أخٍ لأخيه.

وتفضلوا بقبول فائق الاحترام و التقدير.

الحوار الصحفي / الإجابات النموذجية للحوارات الصحفية

حوار صحفي:

السؤال الأول: من هو المرشح.................. في سطورٍ قليلة؟

الاسم / ....

الدائرة / ....

المؤهلات العلمية/...

الخبرات العملية/ ....

الدورات التدريبية/ ....

السؤال الثاني: لماذا اتَّخذت قرارًا بالترشُّح لعضوية ....؟

بدايةً، إنَّ تجربة انتخابات مجلس ....، هي أول انتخاباتٍ تشريعية في تاريخ ....، وإنَّ اشتراكي في صنع مثل هذا الحدث التاريخي هو شيءٌ أتشرف به وأفخر أنني من المشتركين في بناء هذا الصرح الديموقراطي الجديد، وسواءٌ حصلت على ثقة الناخبين أو لم يوفقني الله في سبيل هذا، فإنَّ مجرد أن أكون مرشحًا لعضوية المجلس فإنني قد سجلت شخصي واسم عائلتي

وقبيلتي بالتاريخ ....، وقد مارست حقي الدستوري في خدمة أهل بلدي الحبيبة.

وقد أوضحت ذلك في البيان الانتخابي الأول (خطاب الترشُّح) بشكلٍ واضح وشفاف، وأدعو الجميع إلى الاستماع لهذا البيان للتأكيد على رغبتي في خدمة الوطن والمواطن وتحقيق المشاركة السياسية، واستكمال المؤسسات الدستورية، لتحقيق مجتمعٍ أكثر رفاهية.

السؤال الثالث: ما هي مراحل إعداد برنامجك الانتخابي؟

<u>أولًا:</u> أحب أن أوجِّه كلَّ الشكر والتقدير للفريق الفني الذي أعمل معه؛ فنحن نعمل جميعًا بروح الفريق، وغايتنا كلنا هي تقديم أفضل خدمةٍ للوطن والمواطن، نعم أنا أقود الفريق وأحدد الإطار الاستراتيجي ومنهجية العمل، لكن مسئولية كفاءة التنفيذ في إعداد البرنامج الانتخابي تقع على عاتقنا جميعًا كفريق عملٍ متناغم متجانس ذي كفاءةٍ فنية متخصصة.

وبعد العديد من جلسات العصف الذهني ومراحل التفكير الاستراتيجي، وبعد تحليل البيئة الداخلية للمواطن، وبعد تحديد جميع القضايا ذات الاهتمام المشترك؛ تمَّ الاستقرار على منهجية التخطيط الاستراتيجي -وبالتحديد التخطيط المبني على النتائج- ليكون هو منهجنا بإذن الله في تحقيق تطلُّعات المواطنين وثقة الناخبين في مرشحهم ....، <u>وهنا جاءت المرأة في صدارة اهتمام البرنامج.</u>

ثم انطلقنا من تعزيز الحقوق والمشاركة واستكمال المؤسسات الدستورية كنتيجةٍ رئيسية نطمح في تنفيذها داخل المجلس إن شاء الله، إلى ثلاث ركائز أو نتائج وسيطة (رقابية – اقتصادية – اجتماعية)، وأهداف استراتيجية متعددة أدعو الناخبين إلى الاطِّلاع عليها ببرنامجي الانتخابي، وأنا على استعدادٍ كامل وبكل محبةٍ لتلقِّي كافة الملاحظات حول كفاءة برنامجي الانتخابي من خلال الموقع الإلكتروني لي؛ فالهدف عندي هو ماذا يريد المواطن حتى نجتهد في تحقيقه؟.

وان أهم محورٍ في برنامجي الانتخابي -من وجهة نظري- هو أننا عملنا على تصميم مجموعةٍ من مؤشرات الأداء الاستراتيجي التي تمكِّن الناخب أن يتفضَّل باختبار أداء عضو المجلس

-إن شاء الله- في مدى تحقيق وعوده الانتخابية.

السؤال الرابع: ماذا تمثِّل المرأة -تحديدًا- في برنامج المرشَّح؟

أنا شخصيًا متحيزٌ دائمًا لنصرة قضايا المرأة؛ حيث إنَّ استقرار أوضاع المرأة بوجهٍ عام، تمثل سلامة الصحة النفسية للمجتمع ككل.

المرأة من وجهة نظر البرنامج الانتخابي هي إضافةٌ حقيقيةٌ للناتج المحلي الإجمالي للدولة من الجانب الاقتصادي، وهي استقرارٌ مُلحٌّ للأسرة كوحدة بناء المجتمع من الجانب الاجتماعي، وهي تمثيلٌ مشرِّفٌ لـ (قَطَر) داخليًا وخارجيًا من الجانب السياسي.

وحتى يتحقق ما سبق، فلابد لنا من استقراء الواقع وملامسة قضايا المرأة المُلحَّة مثل:

- حقوق الأرامل والمطلقات، ودراسة كفاءة القوانين ذات العلاقة في تحقيق الحياة الكريمة.
- حقوق المرأة في رعايةٍ صحية خاصة، يتم فيها مراعاة خصوصية المرأة والمجتمع القَطَري المسلم.
- حقوق المرأة في الوظائف وساعات العمل العادلة.

والله تتعدد الحقوق وإننا لمقصرون في حقّ المرأة الأم والزوجة والأخت والابنة؛ وهذا يدفعنا دائمًا لدراسة نَسبة تمثيل المرأة في ديموغرافية السكَّان؛ حيث تمثِّل ما يزيد عن النصف، وتدعم كذلك النصف الآخر؛ وعليه فاستقرار قضايا المرأة هو استقرارٌ للمجتمع.

السؤال الخامس: كلمة أخيرة للمرشَّح ـ (كلمة دعوة الناخبين للتصويت)

أدعوكم أنا .... – مرشحٌ لعضوية المجلس– الدائرة .... – منطقة ....

إلى كفاءة الاختيار بين المرشحين؛ فاختياركم هو بالفعل قرارٌ ومسار، سيتحدد عليه مستقبل البناء الديموقراطي.

إنَّ اشتراك الناخبين في تأسيس مجلس .... المنتخب بالتصويت الحر المباشر، هو واجب وطني على الجميع.

وليتفضل المواطن .... بإبهار العالم كعادته، والتصويت بكثافة، نحو مجلسٍ .... منتخب.

والسلام عليكم ورحمة الله وبركاته..

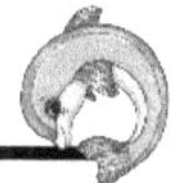

مفاتيح الإجابات أثناء الزيارات الميدانية أو اللقاءات التلفزيونية

مفاتيح الإجابة (كلماتٌ مختصرة تُنطق بمفردها عند الإجابة عن أيِّ سؤالٍ يعقبها ثانيتي صمتٍ لجذب الانتباه).

1) المنافسة:

تستخدم كلمة منافسة عند توجيه سؤالٍ يتعلق بارتفاع أسعار خدمات القطاع الخاص (صحية ــ تعليميةٌ)؛ من ثَمَّ فإنَّ المنافسة دائمًا في صالح المستهلك، حيث يترتب عليها سعرٌ أقل وجودة أعلى.

2) القطاع الخاص:

تستخدم كلمة تعزيز مشاركة القطاع الخاص عند السؤال عن المنافسة بين القطاع الحكومي والقطاع الخاص في مجال تقديم الخدمات ـلا سيما اللوجستية منهاـ وبحيث يتم إنهاء حالات الاحتكار الحكومي.

3) سياسات تسعير الخدمة العامة:

تستخدم كلمة سياسات تسعير الخدمة العامة، عند السؤال عن ارتفاع أسعار الخدمات الحكومية (الاحتكار الطبيعي)؛ بحيث يتم إعادة تقييم سعر الخدمة وفقًا لمنهجيةٍ علمية توازن بين سعر الخدمة من جهةٍ وجودة الخدمة من جهةٍ أخرى، والمقارنة مع أسعار نفس الخدمة بالدول المجاورة (وتعتبر أحد أدواتٍ تحسين مناخ الاستثمار).

4) الحوكمة:

تستخدم كلمة الحوكمة عند السؤال عن كيفية مراقبة أداء القطاع الحكومي، وتطبيق العدالة والشفافية والمساءلة، ومكافحة الفساد؛ حيث تقوم الحوكمة على ضبط وربط القوانين والتشريعات بهدف تحسين رضا المستفيد الخارجي.

5) اهتمامات المواطن:

تستخدم كلمة اهتمامات المواطن للتعبير عن سيادة المواطن، وأنَّ تصميم البرنامج الانتخابي جاء وفقًا لتلك الاهتمامات ولأجل علاج تلك القضايا، حيث إنَّ المواطن هو أساس كل عملٍ ديموقراطي.

6) برامج الرعاية الاجتماعية:

تستخدم كلمة برامج الرعاية الاجتماعية عند السؤال عن حقوق الأرامل والمطلقات، وكيفية استيفاء حقوقهم بإعادة دراسة القوانين ذات العلاقة:

- قانون الضمان الاجتماعي رقم ....
- قرار مجلس الوزراء رقم ....

وصولًا لتحقيق حياةٍ كريمة تمتد إلى الملائم من (السكن الحكومي - الأرض وقروض البناء – الوظيفة – الحضانة).

7) إعادة دراسة القانون ذي العلاقة

تستخدم كلمة إعادة دراسة القانون ذي العلاقة، ككلمة السحر عند مناقشة جميع القضايا العامة، وسد الثغرات واقتراح موادَ جديدة أو تعديل مواد قديمة.

8) تيسير الإجراءات.

9) التمويل والقروض الميسَّرة.

---

10) كفاءة الإنفاق العام (الصحة – التعليم)

تستخدم كلمة دراسة <u>كفاءة الإنفاق العام</u>، بهدف وضع الإنفاق فيما هو متطلَّبٌ دون إهدارٍ للمال العام؛ ومن ثمَّ الاستغلال الأمثل للأموال المخصصة.

السياسة المالية للموازنة

وتستخدم <u>أدوات السياسة المالية</u> :(الإنفاق الحكومي – الضرائب – التحويلات)؛ بهدف علاج فجوات الاقتصاد الدورية بحيث يتم زيادة الإنفاق وتقليل الضريبة عن الكساد والعكس صحيح؛ بمعنى استهداف العجز أو الفائض في الموازنة بهدف التوازن في الاقتصاد الكلي.

تخطيط الموازنة

يتم <u>تخطيط الموازنة</u> وفقًا لأهدافٍ اقتصادية مخطَّطة، وبنهاية العام المالي يكون الحساب الختامي بهدف دراسة تحقيق تلك الأهداف، وتقييم عمل الموازنة.

---

11) البورصة والاستثمار الأجنبي المباشر

إنَّ <u>سوق الأوراق المالية</u>، هي إحدى أدوات التمويل المستخدمة في تحسين مناخ الاستثمار؛ ومن ثمَّ دراسة اشتراطات إدراج الشركات يسمح باستقطاب الاستثمار الأجنبي المباشر + توسيع

قاعدة المشاركة + السماح لأدوات التمويل بتعزيز الملاءة المالية للاقتصاد الكلي.

تحسين مناخ الاستثمار

سياسات تحسين مناخ الاستثمار تتطلب كفاءةً (كفاءة الجهاز الضريبي + أسعار الخدمات الحكومية + السوق المحلي + تحويلات الأرباح – النفاذ للأسواق الخارجية +.............)

12)   تعزيز الصادرات.
13)   التنويع الاقتصادي.
14)   الصناعة المحلية.

---

15)   قضايا الأرامل والمطلَّقات.

- قانون الضمان الاجتماعي رقم ....
- قرار مجلس الوزراء رقم.......................

---

16)   قضايا التقاعُد والمعاشات

- وقانون التقاعد والمعاشات رقم ....
- لجنة فضّ المنازعات، قرار مجلس الوزراء رقم ....
- صندوق المعاشات المدني
- الإيرادات التأمينية + الإيرادات الاستثمارية.

17) التأمين الصحي الاجتماعي

- القانون رقم ....
- مشروعات القوانين المتعاقبة 2015.........................
- نظام ....عبر الشركة................... للتأمين الصحي.
- الفرق بين البطاقة الصحية والتأمين الصحي.

يتم شرح كيفية استخدام المفاتيح أعلاه عند الإجابة عن جميع الأسئلة بتناول المفتاح ومعناه وعلاقته بالقضايا (مدير الحملة)

المبحث الثالث: التأصيل العلمي لمفهوم الدعاية الافتراضية المُخططة (PVA)

Pink Dolphin Theory

- هذا المبحث يأتي لوضع مفهوم الدعاية الافتراضية المخططة (PVA)، داخل إطارٍ علمي منهجي يعمل على البحث في <u>علاج المشاكل التالية:</u>

1) ارتفاع نسبة عدم التأكد في الوعود الانتخابية للمُرشح المقبول بالانتخابات الديموقراطية الحرة، ذات الاقتراع السرِّي المباشر.

2) انخفاض نسبة التواصل الاجتماعي المباشر بين المرشح وجمهور الناخبين، في ظل هيمنة الثقافة الافتراضية، ومواقع التواصل الاجتماعي.

3) انخفاض درجة تخطيط عيّنة الناخبين، من حيث التركُّز والاستقطاب، وتحديد القضايا ذات الأولوية والاهتمام المشترك.

- <u>الافتراضات:</u>

1) قبول المرشح وفقًا لشروط الترشح للانتخابات الديموقراطية الحرَّة ذات الاقتراع السري المباشر.

2) توافر بياناتٍ تفصيلية عن جمهور الناخبين عامة، وجمهور الدوائر الانتخابية للمرشح.

3) توافر بياناتٍ تفصيلية عن المرشحين المنافسين داخل الدائرة الانتخابية الواحدة.

4) توافر المناخ الديموقراطي للإشراف على عملية الاقتراع، وإعلان النتائج وفق معايير الشفافية والنزاهة.

5) حياد السلطة التنفيذية، وعدم التحيز السياسي على كافة الأصعدة (السياسية ـ الدينية ـ الطائفية ـ الاجتماعية ـ العنصرية).

6) انعدام الاستقطاب بواسطة المال السياسي، مع وجود الرقابة المالية الدقيقة، ومنح مسارات العدالة في رفع الوعي السياسي.

مِنهج الكتاب:

يعتمد الكتاب على المِنهج الوصفيّ التحليليّ، في إطارٍ تطبيقي، لتجربةٍ انتخابية حقيقية، لمرشح بانتخاباتٍ ديموقراطية، داخل المجالس النيابية لإحدى الدول العربية، في ظل ظروف التباعد الاجتماعي، نتيجة تفشي جائحة كورونا، وعدم القدرة على تنظيم المؤتمرات والاجتماعات الانتخابية، بين المرشح وجمهور الناخبين، ولتأخذ منهجية الدعاية الافتراضية المخططة (PVA) الترتيب التالي:

1) مرحلة التفكير الاستراتيجي وطرح الاستبيانات، واستطلاعات الرأي للوقوف على القضايا ذات الأولوية والاهتمام المشترك، لجمهور الناخبين.

2) اتِّباع منهجية التخطيط الاستراتيجي، في بناء البرنامج الانتخابي (الوعود الانتخابية)، وتحديد مسارات البرنامج وركائزه، وأهدافه الاستراتيجية وكيفية تحقيقها، بالتوازي مع الصلاحيات التي تُمنح للنائب بالمجلس التشريعي.

3) تصميم مؤشرات قياس الإنجاز الاستراتيجية، وفقًا لمنهجيةٍ علمية تأخذ ركائز البرنامج الانتخابي تحت طائلة القياس الكمّي للوعود الانتخابية.

4) إتمام البنية التحتية التكنولوجية المطلوبة للربط بين جميع مسارات التواصل الاجتماعي، والموقع الإلكتروني، والمنصات الإلكترونية ذات العلاقة.

5) تصميم الأدوات الترويجية للمُرشح (النصوص – الفيديوهات – المطبوعات)، وتقطيعها، وإنشاء الروابط الإلكترونية لكلِّ أداةٍ ترويجية.

6) تخطيط عينة جمهور الناخبين، وتحديد درجات التركز(..%) (الجنس ــ الفئة العمرية)، وكذلك درجات التركُّز على صعيد مواقع التواصل الاجتماعي، والمنصات ذات العلاقة.

7) تصميم استراتيجية الترويج المخططة، وفقًا للفترة الزمنية الممنوحة للممارسة الدعاية الانتخابية، حتى الصمت الانتخابي.

تعريف الدعاية الافتراضية المخططة (Planned Virtual Advertising) = PVA

هو تخطيطٌ استراتيجي مُحكم للترويج الإلكتروني بأدواتٍ إعلامية ترتكز على برنامج انتخابي مُخطَّط ـقابلٍ للقياس الكمي- ومصمّم على القضايا ذات الأولوية والاهتمام المُشترك، بهدف الوصول بالوعود الانتخابية إلى إقناع أكبر نسبة ممكنة من جمهور الناخبين.

نتائج وتوصيات:

1) من الأهمية بمكان، تثقيف مندوبي المرشَّحين على كيفية متابعة التصويت داخل اللجان الانتخابية، بهدف ضمان نزاهة وعدالة الممارسة الدستورية الديموقراطية، كميًّا وفنيًا؛ وفقًا لمواد ونصوص القانون المنظِّم للعملية الانتخابية.

2) منهجية الدعاية الافتراضية المخططة لن تعمل على نجاح مُرشحٍ غير مقبول مجتمعيًا، ولا يتمتع بالصفات المطلوبة في ممثلي الناخبين؛ ولكنها منهجيةٌ قد تعمل على تحسين ترتيب واحتمالات المنافسة بين المرشحين.

3) منهجية الدعاية الافتراضية المخططة، تضمن النجاح للمرشح المقبول اجتماعيًا، وذي الصفات المطلوبة من جمهور الناخبين، وله شبكةٌ من العلاقات الجيدة، قد تساعده في استقطاب التصويت لصالح برنامجه المخطط.

4) إنَّ الاعتماد على المنهج العلمي لتخطيط البرامج الانتخابية (الدعاية الافتراضية المخططة)، هو نقطة التحول إلى منهج جديد يلائم متطلبات العصر ويأتي بإيجابيات على الناخبين، من وعودٍ انتخابية قابلة للتطبيق، والقياس الكمي.

5) إظهار النتائج الإيجابية لمؤشرات قياس أداء الوعود الانتخابية المخططة -بشكلٍ دوري- يمثل الشرعية لاستمرار النائب في تمثيل جمهور الناخبين، وظهور النتائج السلبية لتلك المؤشرات، يعني التعثُّر في الإداء

النيابي، أو فشلٍ في التخطيط السياسي للوعود الانتخابية، مما يترتب عليه انتفاء شرعية استمرار الثقة بهذا الأداء غير المقبول.

6) من الأهمية بمكان تكوين فريق العمل للحملات الانتخابية وفقًا للتخصصات التالية: (اقتصادي – قانوني – إعلامي – تِقَني – إداري)، مع إمكانية استمرار فريق العمل، مع النائب عند النجاح، بهدف تخطيط وإدارة متطلبات الناخبين.

7) يأخذ تعميم النظرية في التطبيق، الاتجاه التدريجي، ليبدأ بالصفوة من المثقفين، وبعد تأكيد إيجابيات التجربة؛ فإنَّ الناخب الحر، واستبداده في طلب البرامج المخططة بأسلوب الدعاية الافتراضية المخططة، يفرض تدريجيًا، اعتماد ال Pink Dolphin Theory كمنهجية عملٍ للإدارة الاستراتيجية للحملات الانتخابية.

8) تحسين ورفع الوعي السياسي -عند المرشحين وجمهور الناخبين- يتطلب دائمًا قاطرةً للمجتمع، وحاملي لواء التغيير، وصولًا للهدف الأسمى من وراء المنهجية، وهو تعزيز مبدأ السيادة للمواطن، ولن يتسنَّى تحقيق الهدف، من دون التدرج في التطبيق، وعرض الفكرة، واستمرارية النقد الموضوعي، وبناء أفكار جيدة، لتكون الدعاية الافتراضية المخططة (PVA)، نواة انطلاقٍ، للحرية الديموقراطية للدول العربية.

9) الدعاية الافتراضية المخططة (PVA)، لا تمنع المرشحين في التواصل المباشر؛ ولكنها تسمح للمرشحين باحترام عقلية الناخب وتطلعاته، من خلال برامج انتخابية واقعية التطبيق فيها ذات أولوية قصوى، وقابلية القياس الكمي للوعود الانتخابية هي أساس

استمرار شرعية المرشحين، لتكون النتائج المحققة في قلب تعزيز مبدأ السيادة للمواطن، في إطارٍ من الحرية الديموقراطية التدريجية، ذات السقوف الأيديولوجية للمجتمع العربي.

10) الدولفين الوردي، كائنٌ بحري يعيش في مياه نهر الأمازون العذبة، ولكنه شديد الحساسية والتأثر بالتلوث، مما قد يجعل استمرار حياته دائمًا في خطورة وترقب، وهكذا هي مراحل بناء الديموقراطية في الدول العربية، دائمًا يكون استمرار التطبيق لها مرهونًا بحياد السلطة وتجرُّدها، وبما يمثل مسببات الخطورة والترقب.

11) توفر آلية الدعاية الانتخابية المُخططة (PVA)، في إطار نظرية الدولفين الوردي Pink Dolphin Theory، فاعلية التواصل المخطط مع الناخبين، وتسمح بتوفير آليات قياس فاعلية ونجاح الوعود الانتخابية، بحيث تحترم متطلبات الناخب، وترتكز على قضاياه الرئيسية.

12) إنَّ مسار التطبيق للآليات الجديدة هو الاختبار التدريجي، وقيادة الصفوة، وتنفيذ الممثلين عن الكفاءة للمواطن، بحيث تمنع معها عشوائية المال السياسي في التأثير، وتصطفي من المرشحين المتعلم المثقف صاحب الرؤية والقادر على تنفيذ وعوده الانتخابية.

13) قد تكون آلية الدعاية الانتخابية المُخططة (PVA)، في إطار نظرية الدولفين الوردي Pink Dolphin Theory، مسار عمل في العديد من الديموقراطيات الغربية المتقدمة، ومن الأهمية بمكان تفعيل عمل تلك الآلية على المجتمعات العربية أولاً، لدراسة النتائج، وتفعيل تطور الفكرة، نحو إطارٍ منهجي

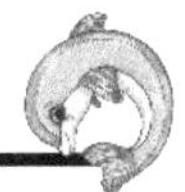

علمي راسخٍ، يؤسس للعلاقة الاستراتيجية بين كلٍ من الناخبين من جهةٍ، والمُرشحين الممثلين للمجتمع الانتخابي من جهة أخرى.

14)   لا نستهدف النقد بالنظم السياسية الحالية، ولكن نعمل معها لتطوير تلك النظم، باستخدام أحدث التقنيات والآليات، التي قد تساعدهم على احترام فلسفة النظام وتعزيز مبدأ سيادة المواطن.

15)   تسمح آلية الدعاية الانتخابية المُخططة (PVA)، في إطار نظرية الدولفين الوردي Pink Dolphin Theory، بمرونة التطبيق، بحيث تتعدد منهجيات التخطيط، وتختلف البرامج الانتخابية، وتتنوع القضايا التي يمكن تناولها، وتتباين مصادر الترويج والاستهداف الإلكتروني للمنصات داخل الفضاء الإلكتروني.

16)   من يمتلك القدرات لتطبيق آلية الدعاية الانتخابية المُخططة (PVA)، في إطار نظرية الدولفين الوردي Pink Dolphin Theory، نستطيع أن نجزم، بأنه مُرشحٌ، يمتلك ناصية العلم والتطبيق، وقادرٌ على حمل الأمانةِ، وتحقيق متطلبات ناخبيه، وفق أسلوب علميٍّ مخطط، وبعيدٌ عن عشوائية التطبيق، منطلقٌ من رؤيةٍ استراتيجية، ومرتكزٌ على أهداف استراتيجية، واقعية تقبل القياس الكمي للإنجاز من عدمه.

17)   آلية الدعاية الانتخابية المُخططة (PVA)، في إطار نظرية الدولفين الوردي Pink Dolphin Theory، تسمح ببداية احترام سيادة المواطن، كنقطة انطلاق، لتطور وتنمية المرشحين أنفسهم، بحيث لا تسمح الآلية بمُرشح بمواصفات الماضي، لن يمارس تنمية المجتمع المستًهدفة.

18) تطبيق آلية الدعاية الانتخابية المُخططة (PVA)، في إطار نظرية الدولفين الوردي Pink Dolphin Theory، تتطلب، العديد من المحاضرات، وورش العمل بالمعاهد والجامعات، ذات المنصات السياسية، وكمحورٍ رئيس لتدريب، وتجهيز جيلٍ كامل من السياسيين المرموقين مجتمعيًا.

19) آلية الدعاية الانتخابية المُخططة (PVA)، في إطار نظرية الدولفين الوردي Pink Dolphin Theory، تستهدف الجيل القادم والأجيال المتعاقبة عليه، حيث إنَّ الفلسفة السياسية تحتاج المزيد من الوقت، نحو ترسيخ التطبيق، واستبعاد السلبيات، وموائمة التغيرات العالمية، وانعكاسها على مسار الشارع السياسي بالمنطقة العربية.

20) قد تكون آلية الدعاية الانتخابية المُخططة (PVA)، في إطار نظرية الدولفين الوردي Pink Dolphin Theory، بداية التفكير المجتمعي، المرتكز على العلم وأدواته قي قيادة الأمم نحو مزيدٍ من التنمية، بمجتمع يعرف جيدًا، أين نحن، وماذا نتطلَّع أن نكون، وكيف يمكن تحقيق ذلك، ومتى يمكن الوصول للطموح المجتمعي بالتطبيق؟.

21) عزيزي المواطن العربي، قد تكون آلية الدعاية الانتخابية المُخططة (PVA)، في إطار نظريةٍ الدولفين الوردي Pink Dolphin Theory، مساهمةً بسيطة، في تحديد الإطار العام للانتخابات بوجهٍ عام، تفرض معها مواطنًا ومُرشحًا ذا مواصفاتٍ إيجابيةٍ خاصة، تضع الحصان أمام العربة للنظم السياسية السائدة.

مراجع

اللغة العربية :

١. إسماعيل، أحمد (٢٠٠٢)، اقتصاديات التربية والتخطيط التربوي التعليم، والأسرة، والإعلام. الطبعة الأولى، دار الفكر العربي، القاهرة.

٢. اشكناني، محمد، (٢٠٠٨)، إعداد وتهيئة العناصر الرقابية والمساندة للتخطيط الاستراتيجي، الكويت.

٣. الأغا، محمد، (٢٠٠٦)، محاضرات في التخطيط التربوي، الجامعة الإسلامية: غزة.

٤. الغزالي، كرمة ماجد عباس (٢٠٠٠)، التخطيط الإستراتيجي في المؤسسات العامة الأردنية– دراسة ميدانية من وجهة نضر الإدارة العليا. رسالة ماجستير، كلية الاقتصاد والعلوم الإدارية، قسم جامعة اليرموك، إربد.

٥. البرواري، نزار، (٢٠٠٨)، تقنيات التحسين المستمر والأداء المنظمي: تأطير ومؤشرات قابلة للتطبيق في المؤسسات الصناعية مجلة العلوم الإدارية والاقتصادية، العدد الأول، الأردن.

٦. بظاظو، إبراهيم، (٢٠١٠)، تقييم واقع تطبيق إدارة الجودة الشاملة في الفنادق "دراسة ميدانية على عينة من فنادق فئة الخمس نجوم في الأردن"، مجلة علوم إنسانية، العدد ٤٥.

٧. البكري، سونيا محمد (٢٠٠٣-٢٠٠٤) ، إدارة الجودة الكلية، الدار الجامعية، الإسكندرية.

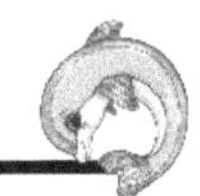

اللغة الأجنبية:

Adam , et al. , (2001) , Quality Improvement Practices and the Effect on Manufacturing Firm Performance:Evidence from Mexico and the USA.

Chang, Gwang-Chol.Strategic Planning in Education: Some Concepts and Methods , IIEP, UNESCO, Paris, 2008, p. 43.

Gwang-Chol CHANG،Strategic Planning in Education: Some،Friday 4 July 2008

Ibid, p. 44.

Masilamony, D.(2010). Strategic planning: Contextual factors that facilitated and/or challenged the implementation of strategic planning in two nonprofit organizations Available from ERIC. (881466063; ED520934). Retrieved from http://search.proquest.com/docview/881466063?accountid= 44936

Mintzberg, Henry & Quinn, B. James (1996), The Strategy Process: Contexts and Cases, 3rd Edition, Prentice Hall International.

Vasilevska, Suzann. Developing a School Gifted and Talented Students Policy and Strategic PlanTaking up the challenge،19th State Conference, ،available at (www.qagtc.org.au), 9-10 April 2001.